Bibliografische Information der Deutschen Nationalbibliothek:

Die Deutsche Bibliothek verzeichnet diese Publikation in der Deutschen National-bibliografie; detaillierte bibliografische Daten sind im Internet über http://dnb.d-nb.de/ abrufbar.

Impressum:

Copyright © 2014 GRIN Verlag, Open Publishing GmbH
Druck und Bindung: Books on Demand GmbH, Norderstedt Germany
ISBN: 9783668482685

Dieses Buch bei GRIN:

http://www.grin.com/de/e-book/369173/staat-und-religion-das-proporzsystem-im-libanon

Aslihan Turhan

Staat und Religion. Das Proporzsystem im Libanon

GRIN Verlag

GRIN - Your knowledge has value

Der GRIN Verlag publiziert seit 1998 wissenschaftliche Arbeiten von Studenten, Hochschullehrern und anderen Akademikern als eBook und gedrucktes Buch. Die Verlagswebsite www.grin.com ist die ideale Plattform zur Veröffentlichung von Hausarbeiten, Abschlussarbeiten, wissenschaftlichen Aufsätzen, Dissertationen und Fachbüchern.

Besuchen Sie uns im Internet:

http://www.grin.com/

http://www.facebook.com/grincom

http://www.twitter.com/grin_com

Philosophische Fakultät
der Rheinischen Friedrich-Wilhelms-Universität Bonn

Bachelor-Arbeit zur Erlangung des akademischen Grades
Bachelor of Arts (B.A.)

im Studiengang Orient- und Asienwissenschaften

Staat und Religion
Das Proporzsystem im Libanon

Inhaltsverzeichnis

1. Einleitung

Negative Schlagzeilen über den Libanon sind sind keine Seltenheit. Ermordungen von Politikern, lokale Gefechte und kriegerische Auseinandersetzungen mit dem Nachbarn, stellen auch keine Außnahmen dar. Als Konfliktursache wird hier meist die Religion bzw. die sich feindselig gegenüberstehenden Religionsgemeinschaften betrachtet. Es wäre zu simplifizierend, den gesamten Konflikt als Religionskrieg zu bezeichnen. Der „libanesische Konflikt" ist nämlich viel komplexer.

Diese Arbeit analysiert zwar nicht die einzelnen Kriegursachen, doch es beschäftigt sich zumindest mit einem Phänomen, welches als eine Ursache für die vergangenen und gegenwärtigen Konflikte und Probleme betrachtet wird: Das Proporzsystem im Libanon. Es ist das einzigartige spezifisch-libanesiche System, das nicht nur eine politisch-konfessionelle Machtteilung vornimmt, sondern auch die höchsten Staatsämter (Staatspräsident, Ministerpräsident und Parlamentspräsident) zwischen den größten Konfessionsgemeinschaften aufteilt. In dieser Arbeit wird der Versuch unternommen, dieses *Proporzsystem* vorzustellen. Dabei wurden drei „Hauptkapitel" herausgearbeitet : *Die Religionen im Libanon, Geschichte des Libanon* und *Das konfessionelle Proporzsystem des Libanon*. Die ersten beiden Kapitel dienen einerseits dazu, die geschichtlichen und gesellschaflichen Entwicklungen in den Gesamtkontext einzuordnen und andererseits dienen sie als „Wegbereiter für die Verständigung" des letzten Kapitels. Dennoch stellt jedes Kapitel eine selbstständige Einheit dar. Beginnend mit den Religionen, soll hier besonderes Augenmerk auf die die Geschichte, das Wirken und die Charakteristika der Religionsgemeinschaften gelegt werden. Weiterhin sind die Topographie des Libanon und die Siedlungsräume ein Bestandteil dieses Kapitels. Hierbei werden besonders die negativen Folgen und Einflüsse auf die libanesische Gesellschaft dieser beiden Punkte herausgearbeitet. Eine Arbeit ohne die Analyse der sozialen und wirtschaflichen Struktur einer Gesellschaft wäre fatal und kontraproduktiv. Deshalb wird unter Punkt 2.3 genau diese Bereiche erörtert. Das zweite Kapitel ist der Geschichte des Libanon gewidmet. Denn ohne das Wissen des geschichtlichen Kontextes, kann man nicht verstehen, wieso und unter welchen Umständen das Proporzsystem entstand: Angefangen vom historischen Libano-Gebirge, über die Osmanische Herrsschaft sowie der französischen Mandatsmacht und schließlich bis zur Unabhängigkeit und der ihr nachfolgenden Zeit. Es wird absichtlich „nur" das chronologische Geschehen wiedergegeben . Denn erst im letzten Kapitel sollen die verschiedenen Abkommen erläutert und das *Proporzsystem* vorgestellt werden. Nach einer kurzen Begriffsdefinition wird auf die geschichtliche Entwicklung der konfessionellen Machtteilung näher eingegangen. Dabei wird mehr oder weniger die Gliederung des zweiten Kapitels verwendet,und parallel dazu, die wichtigsten Ereignisse (Verfassung, Nationalpakt, Taif-Abkommen etc.) bezüglich des Proporzsystems zu skizzieren.

2. Religionen im Libanon

Oft wird in libanesischen Diskursen die eminente Rolle der Religion für die Identitätsbildung und -festigung der Libanesen als entscheidender Faktor gesehen. Es ist nicht zu bestreiten, dass Religion im Libanon mehr als individuelles Glaubensbekenntnis ist bzw. sein kann oder muss. Das konfessionell organisierte System des Libanon lässt wenig Raum für „Konfessionslose". Wie groß die Rolle der Konfession außerhalb des persönlich-individuellen Lebensbereichs und Alltags spielt, lässt die folgende Feststellung Angerns deutlich machen: „Die Konfession ist Teil der persönlichen Identität als libanesischer Staatsbürger, als Angehöriger seiner Familie und seines Dorfes, und sie ist zu einem guten Teil eine öffentliche Angelegenheit, nicht selten ein Politikum" (ANGERN 2010: 17). Die Religionsgemeinschaften sind nicht nur in sozialer, ökonomischer und politischer Hinsicht wichtige Bestandteile eines jeden. Beeinflusst wird jeder Einzelne auch durch das Selbstverständnis, die Fremdbilder und Geschichtskonstrukte der eigenen Gemeinschaft. Dabei prägen konfessionstypische Selbstverständnisse das kollektive Gedächtnis von der eigenen Gemeinschaft (Selbstbild), und von fremder Gemeinschaft (Fremdbild).

2.1 Entstehung und Charakteristika

Der Libanon beherbergt eine Vielzahl von konfessionellen Gemeinschaften. Muslim, Christen und Drusen stellen die größten Religionsgruppen dar. Die Muslime teilen sich in den sunnitischen und schiitischen Islam. Als eine eigenständige Gruppe werden hier die Drusen vorgestellt, die einerseits durch ihre religiöse Besonderheit und andererseits als eine historisch-politische Gruppe eine eigene Rolle in der libanesischen Gesellschaft spielen. Bis ins 19. Jahrhundert seien die zusammen mit den Maroniten die Hauptakteure der libanesischen Geschichte gewesen (Peter Heine 1996, zit. nach ANGERN 2010: 68). In politischer Praxis gehören Drusen offiziell zur islamischen Religion. Das Christentum im Libanon zählt zwölf anerkannte verschiedene christliche Denominationen. Die protestantische Gemeinschaft werde in dieser Konfessionszählung als Gesamtheit nur einmal bewertet. Weitere christliche Denominationen im Libanon sind die Griechisch-Orthodoxe Kirche, die Armenische Apostolische Kirche, die Syrisch-Orthodoxe Kirche, die Heilige und Apostolische Kirche des Ostens, die Koptische Kirche, die Maronitische Kirche, die Griechisch-Katholische Kirche, die Armenisch-Katholische Kirche, die Syrisch-Katholische Kirche, die Chaldäische Kirche und die Römisch-Katholische Kirche.

Die Vielzahl der christlichen Denominationen im Libanon, wie überhaupt im Orient, steht in unmittelbaren Zusammenhang mit den christologisch-dogmatischen Auseinandersetzungen innerhalb der frühen orientalischen Christenheit und mit der besonderen Entwicklung des Oströmischen Reichs in Auseinandersetzung mit den islamischen Eroberungen. (ANGERN 2010:70)

Im Libanon gibt es offiziell achtzehn anerkannte Konfessionen, von denen hauptsächlich sechs als entscheidungstragende Protagonisten im libanesischen Staat angesehen werden können. Die größten und bedeudendsten christlichen Konfessionen stellen die der maronitischen, griechisch-orthodoxen und der griechisch-katholischen Kirche dar. Weiterhin sind die Schiiten, Sunniten und Drusen wichtige Gruppen (BIEBER 1999: 166). Die sechs Konfessionsgemeinschaften, besonders jedoch die Maroniten, Schiiten und Sunniten, sind die Hauptakteure des libanesischen Systems. Im Folgenden werden deshalb lediglich zwei christliche Konfessionsgemeinschaften, nämlich die maronitische und griechisch-orthodoxe, vorgestellt: „Beide Kirchen sind sowohl hinsichtlich ihrer zahlenmäßigen Größe als auch ihrer Bedeutung in Vergangenheit und Gegenwart des libanesischen gesellschaftlichen Geschehens gegenüber den vielen kleineren christlichen Konfessionen herausragend" (ANGERN 2010: 75). Anschließend soll die drusische, sunnitische und schiitische Konfessionsgemeinschaft präsentiert werden. Die Eingrenzung auf diese fünf besagten Gruppen liegt allein in der Tatsache begründet, dass diese den größten Einfluss auf die politische Geschehnisse im Land ausüben. Die Bedeutung der übrigen Konfessionsgemeinschaften, insbesondere für das Proporzsystem, soll hier nicht degradiert werden. Nur sprenge es den Rahmen dieser Arbeit, alle Konfessionsgruppen darzustellen. Angaben zur Größe der Religionsgemeinschaften sind lediglich Schätzungen, da seit 1932 keine Volkszählung mehr durchgeführt wurde. Fest steht, dass sich durch unterschiedlich Geburten- und Sterberaten und durch unterschiedliche Auswanderungsquoten der Bevölkerungsanteil der verschiedenen Religionsgemeinschaften verschoben hat (ANGERN 2010: 69). Die Intention bei den folgenden kurzen Zusammenfassungen der einzelnen Konfessionsgemeinschaften ist die, dass insbesondere die historischen Charakteristika der Gemeinschaften herausgearbeitet werden, ohne auf ihre gegenwärtige politische Bedeutsamkeit einzugehen. Das konfessionell-politische System des Libanon und die Rolle der Konfessionsgemeinschaften in ihr, werden im letzten Kapitel (*Das Proporzsystem*) erörtert.

2.1.1 Maroniten

Weltweit beträgt die Anzahl der Maroniten ungefähr drei Millionen, etwa eine Million davon im Libanon. Dies entspricht circa einem Viertel der libanesischen Bevölkerung (ANGERN 2010: 81). Der Gründungsvater der maronitischen Kirche ist der syrische Mönch und Eremit Mär Märün. Zu seinen Ehren wurde im 5./6. Jahrhundert ein Kloster in Apameia am Orontos gegründet. Mit der Anerkennung der Beschlüsse des Konzils vor Chalkedon zählte die Gemeinschaft zu der antiochenisch-reichskirchlichen Orthodoxie. Die klösterliche Gemeinschaft konstituierte ihre eigene maronitische Kirche und wählten ihren eigenen Patriarchen, nachdem der antiochenische

Patriarchenstuhl für vierzig Jahre (702 bis 742) unbesetzt blieb. Der Schritt zur Eigenständigkeit der maronitischen Kirche wird auch unter dem Aspekt der Abgeschiedenheit vom Reich aufgrund der islamischen Eroberungen betrachtet. Während der Zeit des Christlichen Königreichs Jerusalem versuchte sich die maronitische Kirche an die römisch-katholische Kirche anzunähern. 1182 nahm sie als erste orientalische Kirche Kontakt mit Rom auf (ANGERN 2010: 80). Die maronitische Kirche wurde später im Jahre 1215 vom Papst Innozenz III. anerkannt. Seit 1736 wurde ihr kirchliches Leben von der Synode organisiert. Trotzdem genoss die maronitische Kirche eine gewisse Autonomie gegenüber der katholischen Weltkirche. Der maronitische Patriarch hat seinen Sitz in der libanesischen Stadt Bkerke. Trotz des Umstandes, dass die Maroniten seit dem 7. Jahrhundert unter islamischer Herrschaft lebten, konnten sie Verbindungen zum christlichen Westen aufbauen und aufrechterhalten. Dies trug erheblich zu ihrer kulturellen, politischen und wirtschaflichen Entwicklung bei. Nach dem Abkommen zwischen dem osmanischen Sultan Suleiman und dem französischen König Franz I. im Jahre 1535, stand die maronitische Gemeinschaft unter französischen Schutz.[1] Der kulturelle Austausch von Gesandschaften zwischen dem maronitischen Patriarchen und dem Heiligen Stuhl in Rom nahm seinen Anfang in den 1570er Jahren. Die maronitische Kirche wurde durch die Ausbildung von Priestern unterstützt und bereits 1584 wurde das Maronitische Kolleg von Rom gegründet, damit die steigende Zahl des maronitischen Priesternachwuchses ausgebildet wurde. Ein Beispiel für den europäischen Einfluss auf die christlichen Kirchen, kann mit dem folgenden illustriert werden: Das Kloster Quzhāyah im Libanongebirge hatte 1610 die erste Druckerpresse des Mittleren Ostens als Gabe der Schule von Rom erhalten (ANGERN 2010: 124-125). Doch bis Mitte des 19. Jahrhunderts lebten die Maroniten unter der feudalen Herrschaft der drusischen Fürsten in dem zum Osmanischen Reich zugehörigen libanesischen Emirat. Eine friedlich drusisch-maronitische Koexistenz endete mit dem Vormarsch der europäischen Mächte, sprich mit dem Vorstoß Napoleons nach Ägypten und Syrien im Jahre 1799. Das konfessionelle Selbstbewusstsein der Maroniten stärkte sich im drusischen Emirat, wo sie zahlenmäßig die Überlegenere darstellte. „Die Schwächung der drusischen Feudalen während der ägyptischen Besatzung von1832 bis 1840 führte im Jahre 1841 zum ersten Bürgerkrieg zwischen den Drusen, die von Großbritannien unterstützt wurden, und den pro-französischen Maroniten. Sowohl die Maroniten als auch die Drusen wurden so zu Spielbällen im britisch-französischen Kampf um das Osmanische Reich" (PLAMBECK 2008: 23). Auch inbesondere mit der Entstehung von Nationalbewegungen seit Mitte des 19. Jahrhunderts, die vom europäischen Kulturraum getragen wurde, entwickelte sich das nationale Bewusstsein bei den Maroniten des

---

1 EL HUSSEINI, Abdel Mottaleb (2008): Religiöse Minderheiten im Islam. *Bundeszentrale für politische Bildung*. http://www.bpb.de/apuz/31149/die-religionsgemeinschaften-im-libanon?p=0, S.2 (letzter Abruf: 24.09.2014).

Autonomiegebietes im Osmanischen Reich (BIEBER 1999: 48). Abdel Mottaleb El Husseini schreibt: „Die maronitischen politischen Eliten und Geistlichen waren zudem seit Mitte des 19. Jahrhunderts die Träger der libanesischen Idee und die Architekten des libanesischen Staates".[2] Die maronitische Gemeinschaft hat ein besonders geprägtes Selbstverständnis als eigenständige Konfession und als eigenständige Volksgruppe. Die Frage nach der ethnischen Herkunft der Maroniten wird innerhalb der maronitischen Gemeinde kontrovers diskutiert: „Die Maroniten von heute leiden unter einem ernsten Identitätsproblem. Sie waren bis heute nicht in der Lage, sich zu entscheiden, ob sie Nachfahren des spätantiken Volks der Marada sind oder Araber oder von syro-aramäischen Herkunft" (Matti Moosa 1986, zit. nach ANGERN 2010: 79). Viele Maroniten berufen sich auch auf die phönizische Vorgeschichte des Landes und lehnen die Zugehörigkeit zur arabischen Nation ab.[3] Während der französischen Mandatszeit(1918-1943) bauten die Maroniten ihre Vormachtstellung aus und erhielten das am weitesten mit Macht ausgestattete Amt des Staatspräsidenten. Zudem nahmen sie bis 1989 55 Prozent der Parlamentssitze ein. des Diese „traditionelle" Vormachtstellung der Maroniten im konfessionell organisierten System des Libanon und als Bannerträger der Nation brach in Folge des Bürgerkrieges von 1975 bis 1990 zusammen. Zum einen erhielt der sunnitische Ministerpräsident mehr Machtmonopol; die Zugehörigkeit des Libanon zur arabischen Welt wurde in die Verfassung aufgenommen und zum anderen wurde der Libanon mit der Zustimmung der USA unter syrische Obhut gestellt (vgl. *Das Taif-Abkommen*). Daraufhin gingen einige der politischen Führer wie der Generel Michel Aoun (Mīšāl ʿAwun) oder der Chef der Phalangistenpartei Amin Gemayel (ʾAmīn Ğumayyil) zunächst ins Exil. Weiterhin kam der Milizenführer Samir Geagea (Samīr Ğaʿğaʿ) ins Gefängnis. Nach der „Zedernrevolution" bzw. dem Abzug syrischer Truppen aus dem Libanon 2005, kehrte die antisyrische maronitische Opposition wieder zurück. Dennoch blieb sie intern gespalten. Im gegenwärtigen Machtkampf zwischen sunnitischem und schiitischem Lager, sind die Maroniten auf beiden Seiten vertreten: General Aoun ist auf der Seite der Hisbollah geführten Opposition, wohingegen der ehemalige Präsident Gemayel und der Milizenführer Geagea dem Lager um Hariri geschlossen sind.

2.1.2 Griechisch-Orthodoxe

Die griechisch-orthodoxe Kirche besitzt weltweit etwa zwei Millionen Anhänger und ungefähr

---

2 EL HUSSEINI, Abdel Mottaleb (2008): Religiöse Minderheiten im Islam. *Bundeszentrale für politische Bildung*. http://www.bpb.de/apuz/31149/die-religionsgemeinschaften-im-libanon?p=0, S.2 (letzter Abruf: 24.09.2014).
3 EL HUSSEINI, Abdel Mottaleb (2008): Religiöse Minderheiten im Islam. *Bundeszentrale für politische Bildung*. http://www.bpb.de/apuz/31149/die-religionsgemeinschaften-im-libanon?p=0, S.2 (letzter Abruf: 24.09.2014).

250. 000 bis 300. 000 im Libanon. Die Griechisch-Orthodoxen stellen die fünftgrößte Bevölkerungsgruppe dar, was circa sieben Prozent der libanesischen Bevölkerung ausmacht (AGNER 2010: 79). Die griechisch-orthodoxe Gemeinschaft ist diejenige Gemeinschaft, die am längsten entlang der Küste des Libanon lebt. Sie sind die Nachkommen der hellenistisch-aramäischen Bevölkrung, die im 3. Jahrhundert christianisiert wurden (DIN 2009: 52). Ihr Name führt auf die ursprünglich griechische Amts- und Kirchensprache des Byzantinischen Reichs zurück. Die Gruppe der Griechisch-Orthodoxen gehört dem Patriarchat von Antiocheia an und bezeichnet sich selbst auf Arabisch als „Römisch-Orthodoxe" (Arab.: rūm-ʾurṭūḏūks), wobei hier das Oströmische Reich/Byzanz gemeint ist. Der heutige Patriarchalsitz des griechisch-orthodoxen Patriarchen ist Damaskus (ANGERN 2010: 77). Die griechisch-orthodoxe Gemeinde hatte im Gegensatz zu den Maroniten keinen besonders engen Kontakt zum Westen. Sie war zwar mit dem Byzantinischen Reich verbunden, doch sie pflegte zugleich gute Beziehungen zu den muslimischen Herrschern. Zudem bekleideten sie hohe Posten in muslimischen Verwaltungen (BIEBER 1999: 168). Ein weiterer Unterschied zu den Maroniten ist die pro-arabische Grundhaltung der Griechisch-Orthodoxen: „Keine christliche Kirche des Orients bekannte und bekennt sich so entschieden und engagiert zum Arabersein wie die Rum-Orthodoxen Kirche des Patriarchats von Antiochia" (Martin Tamcke 2008, zit. nach ANGERN 2010: 77). Es sei die schwierige Lage der Griechisch-Orthodoxen Kirche zwischen muslimischer Mehrheit in der Region, mit der sie Koexistenz suche, und den Katholiken (meist Maroniten), die mit einer arabischen Identität nicht einverstanden zu sein scheinen (ANGERN 2010: 78).

2.1.3 Drusen

Der drusische Anteil an der libanesischen Gesamtbevölkerung beträgt etwa sechs bis zehn Prozent. Trotz ihres geringen Anteils an der Gesamtbevölkerung geniessen die Drusen einen relativ großen Einfluss in der libanesischen Geschichte und Politik. Dies liegt zum Teil auch daran, dass die drusische Gemeinschaft in bestimmten in Siedlungsgebieten konzentriert ist und dadurch zur lokaler Stärke wird. Auch die Aufrechterhaltung des strikten Endogamieverbotes wird dadurch erleichtert (ANGERN 2010: 107-108). Der Begründer bzw. die Begründer der drusischen Lehre sind „der junge türkischstämmige dāʿī Anūštekīn, genannt ad-Darzī (pers.: der Schneider) und der persischstämmige dāʿī Ḥamzah ibn ʿAlī, genannt al-Labbād (arab.: der Filzmacher)" (ANGERN 2010: 115). Das Drusentum entstand Anfang des 11. Jahrhunderts mit der Abspaltung von der ismailitischen Religionsgemeinschaft. Eine Gruppe von ismailitischen Werbern verkündete die Göttlichkeit des sechsten Fatimidenkalifen al-Ḥākim (herrschte von 996 bis 1021). Der persischstämmige Begründer des theologischen Drusentums Ḥamzah ibn ʿAlī forderte von den

Amtsträgern und Offizieren im Jahre 1017, die Göttlichkeit des Kalifen anzuerkennen. Im selben Jahr hätte er sich selbst zum Imām ernannt. Durch die Unruhen in der Bevölkerung, die sich gegen die neu entstandene religiöse Bewegung wendete, musste sich Ḥamzah zurückziehen und blieb mit dem engsten Kreis seiner Anhänger durch Briefwechsel in Kontakt. Dabei entwickelte er seine drusische Theologie. 1021 verschwanden zeitgleich al-Ḥākim und Ḥamzah. Von den Anhängern wurde das Verschwinden als „Entrückung in die Verborgenheit" verkündet. Vor seiner Entrückung habe Ḥamzah eine kleine Gruppe von vier Helfern beauftragt, seine Botschaft weiterzuverbreiten. Einer dieser Treuhänder, Bahā' ad-Dīn, spielte eine große bei der Verbreitung der drusischen Lehre. Der Kalif aẓ-Ẓāhir, Nachfolger al-Ḥākims, ließ nach seinem Amtsantritt die Anhänger der neuen Bewegung verfolgen, was zur Ausmerzung des Drusentums in Ägypten führte. Lediglich im Ḥawrān- Gebirge in Südsyrien und auf dem Gebiet des heutigen Libanon im Shoufgebirge und Wādī at-Taym hatten sich drusische Gemeinden etablieren können (ANGERN 2010: 115-118).

In den überlebenden drusischen Refugien im Libanon und in Syrien und unter dem äußeren Verfolgungsdruck entwickelte das Drusentum schließlich auch seine esoterischen Gruppenmerkmal: Abschottung der heilswichtigen Lehre [sirriyyah] durch die Teilung der Gesellschaft in eingeweihte religiöse Experten ['uqqāl: Wissende] und nicht eingeweihte unwissende Laien [ğuhhāl: Unwissende] und Verschwiegenheitsgebot gegenüber Außenstehenden; die Einführung von Stufen und Rängen innerhalb der Klasse der religiösen Experten; Geschlossenheit der Gemeinschaft durch Unmöglichkeit von Konversion und Gebot strikter Endogamie; Gruppenbewusstsein und Solidarität; Praxis der *taqiyyah,* d.h. Erlaubnis des Verschweigens der eigenen Konfession bzw. Vortäuschung der Zugehörigkeit zu einer anderen bei Gefahr oder drohendem Nachteil. (ANGERN 2010: 118)

2.1.4 Sunniten

Nach Schätzungen beträgt der Anteil der Muslime im Libanon 60 Prozent. Dabei liegt der schiitische Anteil bei etwa 32 Prozent, der sunnitische Anteil bei 21 Prozent und der drusische Anteil bei circa 7 Prozent (ANGERN 2010: 83). Die Sunniten zählen zwar in nahöstlichen Bevölkerungen zur Mehrheitsgesellschaft, doch im Libanon stellen sie keine absolute Mehrheit dar. Sie bilden die größte islamische Glaubensrichtung und werden durch ihr Festhalten am Koran und an den Überlieferungen des Propheten zur islamischen Orthodoxie gezählt. Die Spaltung zwischen Muslimen in Sunniten und Schiiten begann bereits mit dem Tod des Propheten, als es um die Frage nach seiner Nachfolge ging. Nach sunnitischer Ansicht sollte der Stellvertreter, Kalif, des Propheten aus dem Stamm des Propheten und ein fähiger Heerführer sein. Nach schiitischer Ansicht war die Nachfolge göttlich bestimmt und zwar einer Person aus der Familie des Propheten. Die hanafitische Rechtsschule, zu der die Mehrheit der libanesischen Sunniten gehört, wurde im 7. Jahrhundert von dem Gelehrten Abū Ḥanīfa gegründet und lässt der Vernunft bei Auslegungen der heiligen Texte mehr Raum. Die sunnitische Bevölkerung ist meist an den Küstenstädten angesiedelt(Sidon, Beirut, Tripoli). Sie dominierten diese Regionen mit Ausnahme von Mont Liban, im Osmanischen Reich. Da sie unter sunnitischer Herrschaft lebten, waren einerseits durch zulängliche geographische Lage an den Küstenstädten lange Zeit unter der Kontrolle der muslimischen Kalifen und andererseits durch die regionale Bedeutung des sunnitischen Islam, nicht so isoliert und verschlossen wie andere Konfessionsgemeinschaften (BIEBER 1999: 169). Sunniten zählten zunächst bis in die 1980er Jahre hinein als die sich mit dem libanesischen Staat am wenigsten identifizierte Gruppe. Der aufkommende arabische Nationalismus war die Ideologie in der zweiten Hälfte des 19. Jahrhunderts, mit der sich die Sunniten identifizierten. Sie forderten, wie auch andere Konfessionsgemeinschaften, die Unabhängigkeit der arabischen Völker von der osmanischen Herrschaft. Der Unterschied machte sich in der Forderung deutlich, wie „diese Unabhängigkeit" auszusehen hatte. Sunniten lehnten eine europäische Teilung der arabischen Regionen durch die Mandatsmächte Großbritannien und Frankreich ab. Zudem stieß die französische Proklamation eines libanesischen Staates von 1920 auf eine sunnitische Ablehnung, da sie zum Teil als koloniale Teilungspolitik gesehen wurde und den Interessen der Maroniten diente. Die Sunniten forderten indes den Verbleib bei Syrien. Die syrisch-nationale Bewegung bröckelte Anfang der 1940er Jahre und die sunnitische Elite akzeptierte schließlich die staatliche Einheit des Libanon. Dennoch blieben sie im realpolitischen Geschehen an zweiter Stelle. Im Nationalpakt von 1943 wurde ihnen das „befugnisarme" Amt des Ministerpräsidenten zugesprochen. Sie standen politisch und wirtschaflich hinter den Maroniten. Zudem waren die Sunniten durch ihre wirtschaflich-ökonomische Schwäche „anfällig" für den arabischen Nationalismus. So waren sie begeistert von der anti-westlichen Politik des ägyptischen Präsidenten Gamal Abdal Nassar (Ǧamāl ʿAbd an-Nāṣir). In diesem Sinne verbündeten sich die Sunniten mit der palästinensischen Befreiungsorganisation PLO und unterstützten sie im Kampf gegen Israel. Diese Allianz war auch einer der Ursachen für den libanesischen Bürgerkrieg, da christliche Gruppen die Stabilität und Souveränität des Staates in Gefahr sahen und deshalb die PLO, zum Teil mit der Unterstützung Israels, bekämpften. Die Niederlage und Vertreibung der PLO während des Bürgerkrieges 1982 war zudem eine Schwächung der panarabischen Ideologie. Durch den Aufstieg der schiitischen Hisbollah, die mit Hilfe des Iran und Syriaen den Kampf gegen Israel fortführte, wurde den Sunniten die „nationale Karte" entzogen. Mit dem Ende des Bürgerkrieges und dem Taif-Abkommen 1989 erhielten die Sunniten mehr politisches Gewicht. Doch der wirtschaftliche Aufschwung der Sunniten kam erst mit dem Aufstieg des milliardenschweren Unternehmers und Politikers Rafiq Hariri (Rafīq Ḥarīrī). Der sunnitische Mittelstand wurde stabilisiert, die Bildung gefördert und das alte politische Establishment der Sunniten „modernisiert". Ein groß geleitetes

Projekt zur Wiederaufbau Beiruts wurde durchgeführt und sollte die politische Bedeutung der Sunniten sichtbar machen. Hariri scheiterte letztlich dennoch an der ihm misstrauenden Opposition (die antisyrische-christliche Opposition und die Hisbollah) und an dem zu großen Einfluss Syriens dessen Truppen noch bis 2005 auf libanesischem Boden stationiert waren, auf die Politik im Libanon. Mit der Ermordung Rafiq Hariris am 14. Februar 2005 verhärteten sich die Fronten zwischen den Sunniten und Syrien. Schließlich wurde der Druck („Zedernrevolution") auf Syrien so groß, dass sich die syrische Armee aus dem Libanon zurückzog.[4]

Die Sunniten nehmen gegenwärtig die alte Position der Maroniten ein und verlangen die endgültige Anerkennung des Libanon durch Syrien. Unter ihnen ist das nationalarabische Bewusstsein, das weltlichen Charakter besaß, von einem konfessionellen Bewusstsein verdrängt worden. Entscheidend für diese Entwicklung ist der Machtkampf der sunnitischen Führung mit der Hisbollah. Dieser Konflikt, der sich in der Frage der Bewaffnung der Hisbollah kristallisiert, reflektiert in erheblichem Maße die regionale Konfrontation zwischen den USA, Saudi-Arabien und Israel mit der Achse Damaskus-Teheran.[5]

2.1.5 Schiiten

Zur schiitischen Glaubensrichtung des Islam gehören weltweit etwa zehn bis fünfzehn Prozent aller Muslime an. Im Libanon gehören sie vermutlich auch zur größten Bevölkerungsgruppe. Sie machen circa 32 Prozent der Gesamtbevölkerung aus und damit liegt ihr Anteil bei der muslimischen Bevölkerung bei 60 Prozent (ANGERN 2010: 101). Genau wie die Sunniten, halten Schiiten an den Grundpfeilern des Islam fest. Der Unterschied besteht, wie bereits erwähnt, in der Bestimmung des Nachfolgers des Propheten.[6] der Schiitischer Ansicht nach sollte der Nachfolger Nachkomme des Propheten sein. Da alle Söhne des Propheten bereits vor seinem Tod verstorben waren, forderten die Schiiten, dass ʿAlī, Neffe und Schwiegersohn des Propheten, das Kalifat anführen sollte. Dieser wurde zwar im Jahre 656 vierter Kalif, doch bereis nach wenigen Jahren (661) ermordet. Auch seine beiden Söhne Hasan und Hussein (Ḥasan uns Ḥusain), konnten sich nicht als Kalifen durchsetzen. In der berüchtigten Schlacht von Kerbela(Karbalāʾ) im heutigen Irak fiel Hussein im Jahre 680 gegen ein sunnitisches Heer. Als dann keine weltliche Herrschaft mehr errichtet werden

---

4 EL HUSSEINI, Abdel Mottaleb (2008): Religiöse Minderheiten im Islam. *Bundeszentrale für politische Bildung.* http://www.bpb.de/apuz/31149/die-religionsgemeinschaften-im-libanon?p=0, S.3 (letzter Abruf: 24.09.2014).
5 EL HUSSEINI, Abdel Mottaleb (2008): Religiöse Minderheiten im Islam. *Bundeszentrale für politische Bildung.* http://www.bpb.de/apuz/31149/die-religionsgemeinschaften-im-libanon?p=0, S.3 (letzter Abruf: 24.09.2014).
6 Für einen kompakten Überblick über die historischen und theologischen Unterschiede zwischen Sunniten und Schiiten, siehe SCHIRRMACHER, Christine (2009): *Schiiten und Sunniten – Unterschiede islamischer „Konfessionen".* http://www.islaminstitut.de/uploads/media/Schiiten_b.pdf, S.1-5. (letzter Abruf: 20.09.2014).

konnte, entwickelten die Schiiten „ein Konzept geistlicher Herrschaft durch einen Imam als spirituellen Gemeindeleiter, der ab 941 n. Chr. aus der ‚großen Verborgenheit' heraus die Gemeinde leitet und allein die ‚verborgene(n) Bedeutung(en)' des Korans kennt. Die Hoffnung auf sichtbare Herrschaft verlagerte die schiitische Gemeinschaft auf die Endzeit, in der der Imam als Mahdi(der ‚Rechtgeleitete') sichtbar aus der Verborgenheit wiederkommen und ein Friedensreich aufrichten werde."[7] Die Zwölferschia, die auch die Mehrheit innerhalb der schiitischen Strömungen darstellt, zählt zwölf Imame. Der erste Imam ist der Neffe und Schwiegersohn des Propheten, ʿAlī ibn Abī Ṭālib; der zwölfte Imam ist der verborgene al-Mahdī, der eines Tages als der Rechtgeleitete zurückkehren soll. Während der Abwesenheit des Verborgenen Imams sollten die schiitischen Rechtsgelehrten ihn auf Erden vertreten (ANGERN 2010: 101-104). Ursprünge der Zwölferschia im Südlibanon zum Ende des zehnten Jahrhunderts wurden nachgewiesen. Die Region blieb im 10./11. Jahrhundert für kurze Zeit unter der Herrschaft der ismailitischen Fatimiden. Seither unterlagen sie hauptsächlich bis zum Ende des Osmanischen Reiches unter sunnitischer Hegemonie. Wie bereits unter den Mamluken verfolgt und vertrieben, war die schiitische Bevölkerung unter den Osmanen, als „Häretiker" betrachtet, Unterdrückungen ausgesetzt. Auch die Etablierung der schiitischen Safawiden im Iran 1501 führte dazu, dass die Schiiten im Libanon, welche Kontakte zu ihren Glaubensbrüdern im Iran pflegten, als potentielle Gefahr in Augen der Hohen Pforte galten. Die schiitische Glaubensgemeinschaft bekam nicht den teilautonomen religiösen *Millet*-Status (vgl. Text zu *Millet-System)*, den Christen und Juden besaßen. Erst durch die französische Mandatsmacht erhielten die Schiiten 1926 den Status einer anerkannten Konfession. 1969 errichten die Schiiten einen eigenen *Obersten Schiitischen Rat,* der sie dem libanesischen Staat gegenüber als Religionsgemeinschaft repräsentieren sollte. Bis zu diesem Zeitpunkt unterstanden die Schiiten der sunnitischen Jurisdiktion im Familienstandsrecht (ANGERN 2010: 107). Obwohl die Schiiten einen großen Anteil der libanesischen Bevölkerung ausmachten, besaßen sie kein politisches Gewicht. Der traditionelle Quietismus der Geistlichen und auch die wirtschaftliche wie soziale Unterentwicklung der schiitischen Regionen kann zum Teil als Ursache dafür gesehen werden. So bekamen die Schiiten das machtlose Amt des Parlamentspräsidenten. Die schiitische politische Klasse wurde von feudalen Familien besetzt und die hatten keine Interesse an der Entwicklung ihrer Bevölkerung. Ein weiterer Unterschied zu anderen Konfessionen war der, dass die schiitische Geistlichkeit keine soziale Sicherung für ihre Gemeinschaft gewährleisten konnte. Andere Konfessionsgemeinschaften hatten ihre eigenen Bildungseinrichtungen oder Gesundheitszentren. Dies änderte sich mit der Zunahme des konfessionellen Selbstbewusstseins der Schiiten seit den

---

7 SCHIRRMACHER, Christine (2009): *Schiiten und Sunniten – Unterschiede islamischer „Konfessionen".* http://www.islaminstitut.de/uploads/media/Schiiten_b.pdf, S.1-5. (letzter Abruf: 20.09.2014).

1970er Jahren. Das Stärken des kollektiven Bewusstseins ging mit wirtschaftlicher Entwicklung einher. Der Anstieg der schiitischen Bevölkerung, die Urbanisierung und die modernen Erziehungsmöglichkeiten führten zur sozioökonomischen Entwicklung der schiitischen Bevölkerung. Weiterhin bedeutend waren auch die vielen schiitischen Händler, die besonders nach dem Zweiten Weltkrieg nach Westafrika und in die Golfstaaten emigrierten. Die Überweisungen aus dem Ausland trugen nicht zuletzt auch zur Bildung eines schiitischen Mittelstandes bzw. einer schiitischen Elite bei (BIEBER 1999: 171). Ein einflussreicher Führer der „schiitischen Emanzipationsbewegung" war der Geistliche Musa ad-Sadr (Mūsā as-Ṣadr). Er war auch der Initiator für die Gründung des *Obersten Rats* der Schiiten. Zur selben Zeit etablierte sich die PLO im Südlibanon, was dazu führte, dass die Schiiten zwischen dem palästinensisch-israelischen Kampf die Leidtragenden waren. Sadr hatte sich während des Bürgerkrieges 1975 gegenüber dem Konflikt zwischen den christlichen Milizen und der PLO neutral verhalten. Doch auch er gründete wie alle anderen Konfessionsgemeinschaften eine Miliz. Die Amal-Miliz war den PLO gegenüber feindlich gesonnen. Als Sadr bei einer Reise nach Libyen 1978 verschwand, verloren die Schiiten ihren starken Führer. Die iranische Revolution 1979 verlieh der schiitischen Gemeinschaft eine erneute Dynamik und ein größeres Selbstbewusstsein. Für die weitere Entwicklung der schiitisch-politischen Bewegung spielte der israelische Libanonkrieg von 1982 eine große Rolle. „ Beide Ereignisse leisteten der Hisbollah Geburtshilfe" Die israelische Besatzung des Südlibanon (1982 bis 2000) hatte die Folge, dass sich immer mehr Schiiten der Hisbollah anschlossen. Diesmal kämpften die Schiiten statt der PLO gegen die israelische Besatzung. Die Hisbollah wurde zur einflussreichsten politischen Kraft innerhalb der schiitischen Bevölkerung:

Die Hisbollah konnte mit syrisch-iranischer Hilfe die weltlichen schiitischen Kräfte und die konkurrierende Amal-Organisation verdrängen. Es gelang ihr, im Jahre 2000 den israelischen Rückzug aus dem Süden zu erzwingen und sich in den Augen vieler Libanesen als Befreiungskraft zu profilieren. Mit dem Aufstieg der Hisbollah wurden die Schiiten zur stärksten politischen Kraft im Libanon, was die Ängste der anderen Religionsgemeinschaften schürte. Das Festhalten der Gottespartei an ihren Waffen besonders nach dem syrischen Abzug und ihre Allianz mit Syrien und Iran führte zum Konflikt mit den Sunniten und ihren drusischen und christlichen Verbündeten.[8]

Zudem führen die sunnitisch-schiitischen Machtkonflikte und Polarisierungen den Libanon gegenwärtig an den Rand eines Bürgerkrieges.

2.2 Topographie und Siedlungsräume

---

8 EL HUSSEINI, Abdel Mottaleb (2008): Religiöse Minderheiten im Islam. *Bundeszentrale für politische Bildung.* http://www.bpb.de/apuz/31149/die-religionsgemeinschaften-im-libanon?p=0, S.4 (letzter Abruf: 24.09.2014).

Libanon bedeutet zum einen Koexistenz verschiedener Religionsgemeinschaft auf engstem Raum und zum anderen eine Landestopographie geprägt von Hoch- und Tiefland, Gebirgszug und Küste. Der Libanon liegt in Vorderasien und umfasst eine Fläche von etwa 10.400 Quadratkilometern. Es grenzt im Norden und Osten an Syrien, im Süden an Israel und im Westen an das Mittelmeer. Es gibt drei Eigenschaften der Topographie des Libanon: schmaler Küstenstreifen entlang des Mittelmeers, zwei parallel laufende Gebirgszüge (das Libanon- und Antilibanongebirge) und das dazwischen liegende Tiefland, welches am Orontes-Tal im Norden, vom Fluss Orontes durchzogen ist und in der südlichen Bekaa-Ebene (al-Biqā') vom Fluss Litani (al-Līṭānī) geformt. Wichtige kulturelle Küstenstädte sind Tripoli im Norden, darunter Ǧubail (Byblos), in der Mitte Beirut, Sidon und schließlich tief im Süden die Stadt Tyros (ANGERN 2010: 43-44). Im Hinterland dieser Küstenstädte „liegen entlang der Züge des Libanongebirges die wichtigen traditionellen Gebirgsregionen Akkar [ʿAkkār] im Norden des Landes, südlich davon das Libanongebirge [Ǧabal Lubnān] mit dem Regionalzentrum Bsharre [Bišarrī], dann östlich Beiruts die Hochebene von Kisrawān mit der Hauptstadt Zahleh [Zaḥlah], südöstlich Beiruts das Shouf-Gebirge [Šūf] mit dem Zentrum Dayr al-Qamar und ganz im Süden das Gebirge des Ǧabal ʿĀmil" (ANGERN 2010: 44). Die Täler zwischen dem Libanongebirge und Antilibanongebirge beherbergen die Regionen von Wādī at-Taym im Südosten, davon nördlich gelegen die Bekaa-Ebene und letztlich die Region Baalbek [Baʿalbakk] im Nordosten. Außerdem werden die Küstenstreifen und die Westhänge des Libanongebirges von zehn Flüssen geprägt.[9] Die Topographie des Libanon des Libanon ist genau so fragmentiert und vielfältig wie seine Bevölkerung selbst. Die Diskrepanz zwischen Land und Stadt ist hier gravierend, da Gebirgsregionen einerseits nicht nur schwer zugänglich sind und somit abgeschottet bleiben, sondern andererseits zum Teil in sich geschlossene konfessionelle Gemeinschaften beheimaten, was wiederum das Ziel der nationalen Integration in den libanesischen Staat bzw. das Schaffen eines nationalen libanesischen Bewusstseins erschweren. Im Libanon gibt es gemischte und auch teilweise lediglich homogene Siedlungsräume. Es gäbe aber gewisse „Bestimmungen" bei den gemischten Siedlungsgebieten. Dannach sei ein Bestandteil einer gemischten Region oder eines Dorfes fast immer christlich. In manchen Regionen oder Dörfern dienten sie als „Puffer", da beispielsweise ein ausschließlich drusisch-schiitisches oder sunnitisch-schiitisches Dorf so gut wie ausgeschlossen sei. Manche Regionen seien fast nur maronitisch, so zum Bespiel der Metn und die Region Kisrawan (ANGERN 2010: 18). Das Shouf-Gebirge sei nach der Vertreibung der christlichen Bevölkerung im *Mountain War* 1983/84 fast nur noch drusisch. Die Hafenstädte im Norden seien mehrheitlich sunnitisch und die etwas südlich davon gelegenen

---

9 Diese Flüsse sind (von Süden nach Norden): al-Līṭānī, az-Zahrānī, al- ʿAwwalī, ad- Damūr, der Beirut Fluss, Nahr al-Kalb, ʿIbrāhīm, al- Ǧawz, ʿAbū ʿAlī, Nahr al-Bārid und Nahr al-Kabīr (ANGERN 2010:44).

Hafenstädte, maronitisch(Jounieh und Byblos). Der Ballungsraum der Schiiten liege in der Bekaa-Ebene und Baalbak, sowie im Südlibanon an der Grenze zu Israel (ANGERN 2010: 18). Die gegensätzliche Landestopographie Libanons ist auch ein Faktor von vielen, der die innere gesellschaftliche und politische Fragmentierung der libanesischen Bevölkerung verstärkt. Diese Fragmentierung erleichterte es auch den äußeren Mächten, ihren Einfluss in dem geostrategisch bedeutsamen Land zeitweise zu etablieren.

Bei der Bewertung der Gesamt-Topographie Libanons ergibt sich eine denkbar merkwürdige Kombination aus verhängnisvoller militärischer Verwundbarkeit der Ebenen und des Küstenstreifens einerseits und ausgeprägter Unverwundbarkeit gut zu verteidigender Gebirgsregionen andererseits. Die geradezu einladende Verwundbarkeit der Ebenen Libanons liegt darin begründet, dass die beiden parallel verlaufenden Gebirgszüge des Libanon- und Antilibanongebirges das Territorium nicht abschotten, sondern vielmehr zerteilen und jedem eindringenden Heer entlang der Küste und entlang des Orontes-Tals und der Bekaa-Ebene einen idealen Vormarsch tief in das Herz des Landes bzw. durch das Land hindurch ermöglichen. (ANGERN 2010: 46)

2.3 Sozioökonomische und kulturelle Bedeutung

Die Religionsgemeinschaften des Libanon bilden weitaus mehr als nur eine Institution, die lediglich für Religionsangelegenheiten zuständig sind. Sie sind für viele Libanesen ein soziales Neztwerk, das in verschiedenen gesellschaftlichen und politischen Bereichen tätig ist. Sie stellen ihren Konfessionsgemeinschaften Schulen, Universitäten und karitative Einrichtungen. Zudem bedeutet Religionsgemeinschaft auch wirtschafliche Unterstützung oder Abhängigkeit. Dabei spielt die traditionell klientelistische Gesellschaft eine grundlegende Rolle. Im Folgenden soll das „Hierarchiesystem" zwischen Familien die sozioökonomische Bedeutsamkeit der Konfessionsgemeinschaften verdeutlichen und weiterhin soll der Versuch unternommen werden, die Religionsgemeinschaften als Kultgemeinschaften zu betrachten, um dabei die soziokulturelle Identität und die Schwierigkeit einer interkonfessionellen Ehe herauszuarbeiten.

2.3.1 Sozialhierarchie und Klientelismus

Die gesellschaftliche Hierarchie hat zum Teil traditionelle Stammesstrukturen aufzuweisen. So ist die libanesische Gesellschaft in Großfamilien geteilt, die zumeist auch endogam sind und klientelistische Züge enhalten. Der Klientelismus geht hierbei so weit, dass es den staatlichen Bereich miteinschließt: „Die bekannten libanesischen Patrone sind nicht selten gleichzeitig die Vorsitzenden ihrer eigenen Partei und Angehörige des Parlaments, häufig in Ministerrang. Sie verfügen über Möglichkeiten, Arbeitsplätze und Geschäftverbindungen zu vermitteln, entweder im staatlichen Bereich, im wirtschaflichen Sektor oder in ihrer eigenen Parteistruktur (die nicht selten paramilitärische Abteilungen aufweist)" (ANGERN 2010: 370). Der gesellschaftliche Status stellt weiterhin eine besondere Rolle im Libanon dar und kann an der Tatsache verdeutlicht werden, dass Richter oder Abgeordnete durch spezifische Autokennzeichen jedem ersichtlich sind. Prestige weisen vor allem diejenigen Familien vor, die bespielsweise eine lange Tradition als Feudalherren, Politiker oder Bankiers haben (KOCH 2007: 45). Die Großfamilien sind nicht nur ein soziales Identitätsmerkmal, welches das interne Verbundenheitsgefühl stärkt, sondern auch eine wichtige wirtschafliche Einheit: „Die Großfamilie ist eine Verband von wirtschaflichem Nutzen. Der Familienverband ist weiterhin ein wichtiger Kreditgeber. Das Studium wird häufig von Verwandten bezahlt, die Mittel für Einrichtung von Arztpraxen, Ingenieursbüros oder das Startkapital für Handelsvorhaben von ihnen vorfinanziert (Theodor Hanf 1990, zit. nach KOCH 2007: 45). Die traditionellen Großfamilien sind auch meist für eine bestimmte politische Ausrichtung bekannt, für deren familiären Nachwuchs sie sorgen. Zusammengefasst stellen also die Konfessionsgemeinschaften nicht nur eine soziales Netzwerk, sondern auch eine wirtschafliche und politische Einheit dar.

2.3.2 Konfessionsgemeinschaften als Kultgemeinschaften

Die konfessionellen Gemeinschaften unterscheiden sich in ihren jeweiligen Ritualen, Festen und religiösen Praktiken: „Religion ist als Ritus, als alltägliches Zusammenleben mit Familie, Freunden und Nachbarn zu beschreiben" (KOCH 2007: 84). Dieser Umstand hat nicht nur eine religiöse Bedeutung, es manifestiert sich zudem in sozialen Fragen. Es ist zwar „nur" ein religiöses Unterscheidungsmerkmal, doch im Libanon sind Libanesen dem religiösen Recht in familienrechtlichen Angelegenheiten unterlegen. Es gibt praktisch kein ziviles Personenstandrecht (ANGERN 2010: 369). Diese patriarchalischen Regelungen führen dazu, dass interkonfessionelle Paare vor großen Problemen stehen. Dennoch gab und gibt es interkonfessionelle oder interreligiöse Ehen. Auch sei fast in jeder Familie mehrere Konfessionen vertreten. Deshalb ist eine gemischt-konfessionelle Identität auch gut möglich. Religiöse Feste sind eine Bestätigung und Versicherung der eigenen und kollektiven Identität. Religiöse Einrichtungen sind ein sozialer Treffpunkt, wo sich die Gemeinschaft trifft, feiert und lacht. Nicht selten werden auch heiratsfähige Partner gesucht (KOCH 2007: 84-85).

An solchen Tagen kultischer Zuordnung haben interkonfessionelle Familien leicht an Problem: Soll die mit einem Schiiten verheiratete Christin ihre Kinder zu Ehren Husayns schwarz kleiden, oder nicht? Die libanesischen Konfessionsgemeinschaften sind durch ihre lange Tradition der Endogamie dewegen wenig durchmischte Kultgemeinschaften. (KOCH 2007: 84)

Die kulturelle Identität der Konfessionsgemeinschaften ist auch einer der Themen gesellschaftlicher Diskurse. Gibt es eine einheitlich-libanesische „Nationalidentität"? Die Argumente, die für eine kulturell gespaltene Gesellschaft vorgebracht werden, sind die unterschiedlichen Entwicklungen der Regionen und der Gemeinschaften, die zu unterschiedlichen Zeiten stattfanden. Neben Gegnern der Idee eines einheitlichen libanesischen Volkes, gibt es Befürworter, die die folgenden Argumente für die gleiche Kultur aller Libanesen präsentieren: „Wohnform, die Arbeitsinstrumente und Technologien, die Küche, die symbolischen Darstellungen, dieselbe agnatische Familie [bevorzugt wird die Heirat mit der Tochter des Onkels väterlicherseits] mit den gleichen tribalen Strukturen, die Einheit der Familienlinien und Organisations- und Konkurrenzstrukturen in den Dörfern entlang dieser Familienlinien" (Nawaf Salam 1998, zit. nach KOCH 2007: 83). Ob oder inwiefern die Religion bzw. das konfessionalisierte System eine Rolle bei der Bildung oder Hemmung einer konfessionübergreifenden nationalen Identität spielt, soll weiterhin im Laufe dieser Arbeit erörtert werden.

3. Geschichte des Libanon

Dieses Kapitel widmet sich der Wiedergabe geschichtlicher Entwicklungen im Libanon. Es soll die Rahmenbedingung für das eigentliche Anliegen dieser Arbeit stellen, nämlich die Analyse des staatlichen Proporzsystems. Deshalb werden hier lediglich die geschichtlichen Ereignisse in chronologischer Reihenfolge wiedergegeben. Beginnend mit der Geschichte des „Libanongebirges" wird anschließend der Libanon als osmanische Provinz (1516-1918) vorgestellt. Der weitere Verlauf des Libanon als französisches Mandatsgebiet bis zur Unabhängigkeit soll erläutert werden. Später steht die Unabhängigkeit, die Zeit vor dem Bürgerkrieg und der Bürgerkrieg selbst im Fokus. Schließlich wird das Taif(Ṭā'if)- Abkommen, welches den Bürgerkrieg offiziell beendete, und die Nachkriegszeit dargestellt.

3.1 Ǧabal Lubnān - Das Libanongebirge

Um etwa 1000 vor Christus erlebte das Gebiet des heutigen Libanon unter den Phöniziern einen entscheidenden Höhepunkt. Seit 64 vor Christus gehörte das Libanongebirge als Teil der Provinz Syrien zum Römischen Reich. Der Libanon bzw. der Gebirgszug des heutigen Libanon, das *Ǧabal Lubnān*, war zunächst einmal lediglich eine geographische Bezeichnung und traditioneller Bestandteil des *Bīlād aš-Šām*.[10]

---

10 „In der Sprache der frühen muslimischen Geographen bildete das gesamte Gebiet zwischen der Küste des Mittelmeeres im Westen, entlang des Taurusgebirges im Norden, Mesopotamien im Osten und der ganzen arabischen Halbinsel im Süden die so genannten *Bīlād al- 'Arab*, „Länder der Araber". Hierbei unterschieden sie zwischen den *Bīlād aš-Šām*, den „Ländern des Nordens" (heute ungefähr Syrien, Jordanien, Palästina/Israel, Libanon), den *Bīlād al-Yaman*, den „Ländern des Südens" (arabische Halbinsel) und den *Bīlād al- 'Irāq*, „Uferländern", gemeint Mesopotamien, also den Ländern, die an den Ufern von Euphrat und Tigris liegen" (ANGERN 2010:44-45).

Später wurde diese Region vom Byzanz erobert. Im 6. Jahrhundert wiederum gliederte das Persische Reich sie in das eigene Herrschaftsbereich ein. Schließlich wurde im 7. Jahrhundert diese Region Stück für Stück in das Arabische Reich angeschlossen und arabisiert. Einerseits setzte sich die arabische Sprache durch, doch andererseits blieb die Region religiös (sowie ethnisch) heterogen (DIN 2009: 52-53). Die Gebirgsregion des *Ǧabal Lubnān* gehörte zu dieser Zeit zum Verwaltungbezirk (arab.: Ǧund) von Homs (Ḥimṣ). Andere Regionen, die im Zentrallibanon liegen, wie das *Ǧabal al-Kisrawān, Ǧabal aṣ-Ṣūf* und die Bekaa-Region, gehörten zum Verwaltungbezirk von Damaskus. Auch während der Kreuzzüge war das Gebiet des heutigen Libanon in verschiedene Herrschaftsbereiche geteilt (ANGERN 2010: 45). Die historischen Siedlungsgebiete der konfessionellen Gemeinschaften waren die Küstenstädte oder die Gebirgsregionen. Zu derjenigen Gemeinschaft, die am längsten entlang der Küste angesiedelt war, zählt die griechisch-orthodoxe Konfessionsgemeinschaft (Nachkommen der im 3. Jahrhundert christianisierten aramäischen Bevölkerung). Die Vorfahren anderer großen Konfessionsgemeinschaften ließen sich im Mittelalter im heutigen Libanon nieder: Im Norden des Libanongebirges lebten die Maroniten; im Wadi Al Taim und im südlichen Libanon-Gebirge die Drusen; in der Kisrawan-Region, der Bekaa-Ebene und im heutigen Süd-Libanon die Schiiten (DIN 2009: 52). Die traditionellen Siedlungsregionen der Konfessionsgemeinschaften sind im Großen und Ganzen, abgesehen von Vertreibungen bzw. Wiedereingliederungen, unverändert geblieben. Zwei Konfessionsgemeinschaften spielten eine bedeutende Rolle für die historische Entwicklung der Region des Libanongebirges, nämlich die Maroniten, die seit dem Ende des 7. Jahrhundert dort ansässig waren und die Drusen, die sich seit dem frühen 11. Jahrhundert dort niederließen. Die Frage über die Entwicklung und die politische Wirksamkeit beider Gemeinschaftenen sei in der Literatur umstritten. In geringerem Maße hätte dies auch Geltung in Bezug auf das Verhältnis der beiden Gruppen gegenüber den anderen, außerhalb des Libanongebirges ansässigen, konfessionellen Gemeinschaften (Sunniten, Schitten, griechisch-orthodoxen und griechisch-katholischen Gemeinschaft). Dennoch kann man sagen, dass Maroniten und Drusen gemeinsam seit dem 11. Jahrhundert sich für die politische Eigenständigkeit des Libanongebirges einsetzten. Sie stellten die Mehrheit in dieser Region dar. Erstmals konnte ein drusischer Lokalmachthaber namens Faḫr ad-Dīn Maʿn Ende des 16. Jahrhunderts etwa all jene Gebiete unter seine Kontrolle bringen, die heute die Republik Libanon bildet. Doch die Bezeichnung „Libanon" hatte sich damals noch nicht etabliert. Bašīr Šihāb II., ein weiterer regionaler Lokalmachthaber, gelang es ein Jahrhundert später, die Region des heutigen Libanon zu vereinen.

Obwohl auch er niemals den offiziellen Titel eines „Emirs von Libanon" trug (die Šihābs wurden nach ihrer Konversion zum maronitischen Christentum als „Emire des Shouf" bezeichnet), nannte

Metternich 1840 nach Bašīrs Tod den „Mont Liban" ein eigenständiges Land, das vom Rest Syriens zu unterscheiden sei. Obwohl die Osmanen nach 1845 die ehemaligen Gebiete Bašīrs in zwei Verwaltungsdistrikte (Kaymakamatayn) aufteilten, verfestigte sich die Bezeichnung „Libanon", oder „Ġabal Lubnān", als Bezeichnung für das ehemalige Herrschaftsgebiet der Šihābs auch nach deren politischem Ende im allgemeinen Sprachgebrauch und erlebte als Name für die 1943 gegründete libanesische Republik seine offizielle politische Geburt. (ANGERN 2010: 46)

3.2 Die Osmanische Provinz Libanon (1516-1918)

Im Jahre 1516 schaffte es der osmanische Sultan Selim I. die syrische Gebiet wozu auch die Gebiete des heutigen Libanon gehören, zu erobern. Die Osmanische Herrschaft über diese Gebiete hielt sich mehr als vierhundert Jahre und wurde im Verlauf des Ersten Weltkrieges durch die britische Armee des Generals Allenby, die von Ägypten Richtung Anatolien vorrückte, beendet. Der osmanische Sultan teilte die Bilād aš-Šām, also die Gebiete des heutigen Syrien, Libanon, Palästina und Jordanien zunächst in zwei und dann in drei Provinze ein: Die Provinz Damaskus mit Sidon und Beirut; Die Provinz Aleppo mit Nordyrien, Tripoli, Homs und Hama. Schließlich (1660) wurde Sidon aus strategischen Gründen bzw. zur Kontrolle des Libanongebirge zur einer weiteren Provinz erklärt (ANGERN 2010: 121-124). Maronitische und drusische Familienclans versuchen ab etwa 1600 ihre Besitzansprüche im Libanongebirge zu bekräftigen und die eigene lokale Macht zu stärken. Die Dominanz der Clans hing von ihrer Größe und Besitztümern, sowie dem Einfluss des Osmanischen Reiches ab. Während der Osmanischen Herrschaft unterstand das (maronitisch-drusische) Libanongebirge von einem lokalen Machthaber, dem regierenden Fürsten (al-ʾamīr al-hākim). „Dieses spezifische Herrschaftssystem, das Emirat [ʾimārah], was ein hochkomplexes Zusammenspiel zwischen den großen Feudalherren und dem Amir und bestimmte für ungefähr zweieinhalb Jahrhunderte die regionale und zum Teil auch überregionale Politik, Wirtschaft und Gesellschaft, und zumeist parallel zur osmanischen Provinzverwaltung, doch häufig genug auch gegen sie gerichtet" (ANGERN 2010: 121). Ob diese „lokale Herrschaft" ein Indikator für den autonomen Status dieses Gebiets war, ist ein Gegenstand der Diskussion in der Literatur: „Diese Zeit markiert den Beginn der Entstehung einer gewissen libanesischen Entität im Libanon-Gebirge, was aber nicht zu einer Autonomie von der osmanischen Oberherrschaft geführt hat, sondern von einer Handlungsfreiheit gekennzeichnet war, die in der Literatur unsachgemäß als Teilautonomie bezeichnet wird" (DIN 2009: 54). Das Emirat-System hatte eine strenge Hierarchie. Der Amir stand an der Spitze der Hierarchieordnung, gefolgt von den Feudalfamilien und ihren Angehörigen. Schließlich bildete das gemeine Volk, die hauptsächlich aus Bauern bestanden, die unterste Ebene. Das Emirat war daher nicht als „konfessionelles System" zu betrachten, sondern vielmehr als ein System, in dem der soziale Status, der Landbesitz und der finanzielle Einfluss zählte. Deshalb waren auch bis zum Beginn des 19. Jahrhunderts religiöse Konflikte bzw. Konflikte aus religiösen

Motiven kein Charakteristikum für diese Region. Das interkonfessionelle Zusammenleben war lediglich auf ökonomische und militärische Kooperationen beschränkt. Die zwei einflussreichsten Großfamilien, die drusische Maʿn-Familie und die in den maronitischen Glauben konvertierte (ursprünglich sunnitische) Šihāb-Familie stellten bis 1842 die Amire. Das Emirat der Maʿn-Dynastie ging von 1516 bis 1697 und wurde dann durch das Emirat der Šihāb- Dynastie abgelöst, die bis 1842 währte (ANGERN 2010: 121-124). Bereits 1516 erschien, kurz nach der Niederlage der Mamluken, eine Delegation des Libanon in Damaskus, um vor Sultan Selim I. ihre Unterwerfung zu demonstrieren und den Lehnseid zu leisten: „Unter ihnen waren der Druse Faḫr ad-Dīn Maʿn I., Amir des Šūfgebirges [...]; sowie schließlich der sunnitische Amir Šihāb von Wādī at-Taym" (ANGERN 2010: 124). So gewährte ihnen Sultan Selim I. innere Autonomie, Befreiung von der militärischen Pflicht außerhalb ihrer Gebiete, Erblichkeit ihrer Lehen und bestätigte sie mir ihren Besitztümern als Gefolgsleute. Dafür mussten die neuen osmanische Vasallen Steuern zahlen und die militärische Sicherheit des Gebirges gewährleisten (ANGERN 2010: 124). Die einflussreichsten Gemeinschaften der Drusen und Maroniten hatten bis Anfang des 19. Jahrhundert keine großen Auseinandersetzungen untereinander, im Gegenteil kooperierten sie miteinander gegen die Hohe Pforte: „Die urspünglich maronitisch-drusische Symbiose unter drusischer Herrschaft wurde ab dem späten 18. Jahrhundert durch die stark wachsende maronitische politische Dominanz destabilisiert. Die politische Dominanz der maronitisch politisch-konfessionellen Gemeinschaft basierte hauptsächlich auf den Vorteilen die die Christen durch das Eindringen der Europäer in den östlichen Mittelmeerraum im 19. Jahrhundert erhielten" (DIN 2010: 55). Zudem gab es zwischen den drusischen Stämme interne Auseinandersetzungen, was zu ihrer gemeinschaftlichen Schwächung führte. Als 1697 der drusische Führer Aḥmad Maʿn starb, übernahmen die sunnitischen Verwandten die Macht im Emirat. Diese hatten vor einem Machtverlust gegenüber den sich erstarkenden Maroniten Angst und konvertierten letztlich aus machtpolitischen Gründen zum maronitischen Glauben. Ein feudales System regelte das soziale Leben auf den Libanongebirge dieser Zeit. Bauern unterstanden den drusischen und maronitischen Feudalherren. Mit dem soziales und wirtschaftlichen Erstarken der Maroniten geriet dieses Feudalsystem aus der Bahn. Auch der maronitische Klerus erstarkte sich wirtschaftlich. Das führte zu einem größeren Selbstbewusstsein der maronitischen Gemeinschaft. Die feudale Struktur der Gemeinschaften änderte sich langsam zu einer konfessionellen Gemeinschaftsidentifikation. Die Aufstände der drusisch und maronitischen Bauern gegen das feudale System führten ab 1821 zu einer Reihe von Bewegungen: „Die Aufstände setzten sich in den bürgerkriegsartigen Auseinandersetzungen von 1841 bis 1860 fort. Diese spielten sich auf verschiedenen Ebenen ab. Politische und sozioökonomische Umstände kamen mit konfessionellen Faktoren zusammen. Die

Ressentiments der Drusen gegenüber den wirtschaftlichen sowie sozialen Aufstieg ihrer einstigen Schutzbefohlenen entwickelten sich zunehmend zu konfessionellen Ressentiments" (DIN 2009: 56).

Die Konflikte, die zunächst nur politischer, wirtschaftlicher und sozialer Natur waren, änderten sich zusehends und insbesondere nach dem militärischen Einsatz von Maroniten gegen rebellierende Drusen durch Bašīr II. (reg. 1788-1840). Zudem kollaborierte Bašīr II. mit den ägyptischen Kräften, de Syrien (somit auch die Gebiete des heutigen Libanon) besetzten, indem er die drusischen Revolten niederschlug und Drusen ihrer Ländereien und Güter enteignete bzw. für sich oder den Maroniten in Anspruch nahm. Die ägyptische Besatzung wurde durch eine osmanisch-europäische Intervention zum Fall gebracht und somit auch die Šihāb-Dynastie, sowie das Emirat selbst. Die Folge: „Mitte des 19. Jahrhunderts brachen unter diesen Umständen das Emirat und die feudale soziale Ordnung, inmitten von gewaltsamen drusisch-maronitischen Konfrontationen und osmanisch-europäischen Interventionen, zusammen" (DIN 2009: 57). Die politischen Reformen und Maßnahmen der qā'immaqāmiyyah (1842-1860) und der mutaṣarrifiyyah (1861-1915) des Osmanischen Reiches, die erstmals einen konfessionell- politischen Charakter hatten, werden im letzten Kapitel „Proporzsystem" näher erläutert und analysiert. Der Untergang des Osmanischen Reiches hatte unterschiedliche interne und externe Faktoren. Die Interessenpolitik und Intervention europäischer Großmächte war einer der externen Faktoren. Auf der einen Seite versuchte Russland, nachdem sie bereits 1792 die ukrainische Schwarzmeerküste erworben hatten, einen Zugang zum Mittelmeer zu verschaffen und unterstützte dabei die christliche Orthodoxie, sowie die nationalen Bewegungen auf dem Balkan. Auf der anderen Seite versuchte Großbritannien den Seeweg nach Indien zu sichern, es besetzte Ägypten, unterstützte den Aufstand der arabischen Bevölkerung gegen die Osmanen und versprach ihnen die Schaffung eines großarabischen Staates. Letzteres sollte aber später nicht zur absoluten Unabhängigkeit und Selbstbestimmung der Araber führen. Auch Frankreich versuchte sich als tradionelle Schutzmacht der christlichen Minderheiten in der Region zu etablieren. Der soziale, wirtschafliche und politische Einfluss verschiedener konkurrierender Großmächte war zum Ende des 20. Jahrhunderts tief verwurzelt: „Botschafter der europäischen Mächte in Konstantinopel und ihre Konsuln in vielen Reichsteilen waren praktisch zu Mitregenten geworden. Der Erste Weltkrieg versetzte dem Osmanischen Reich den Todesstoß" (DIN 2009: 63).

3.3 Das französische Mandatsgebiet Libanon bis zur Unabhängigkeit (1920-1943)

Nachdem Niedergang des Osmanischen Reiches wurde die Region zwischen den den Großmächten aufgeteilt (Sykes-Picot-Abkommen 1916), sprich zwischen Großbritannien und Frankreich. Den „offiziell-rechtlichen" Rahmen für die Aufteilung der ehemals arabischen Provinzen des

Osmanischen Reiches in Mandatsgebiete lieferte die Konferenz in San Remo 1920. Nach dessen Beschlüssen wurde das Libanon-Gebirge mit Syrien unter französisches Mandat gestellt, wohingegen Palästina, Transjordanien und Irak unter britischem Mandat gestellt wurden. Die territorialen Staatsgrenzen wurden durch die Mandatsmächte definiert. Die Grenzen des Libanon wurden zunächst nur auf das Libanon-Gebirge (Klein-Libanon), denn diese Grenzen wurden nämlich während den politischen Reformen der *mutaṣarrifiyyah* im Osmanischen Reich gesetzt. Besonders die maronitische Elite und Kirche sowie andere katholische Kreise wollten eine Ausdehnung der Grenzen des Klein-Libanon und „eine umfassendere Autonomie mit stärkerer Berücksichtigung der maronitischen Interessen" (DIN 2009: 64). Ein Argument für die Forderung sei ökonomischer Art, denn das Libanon-Gebirge allein sei vom Inland sowie vom Hafen abgeschnitten und führe deshalb zur wirtschaftlichen Stagnation. Letztlich setzte sich die Erweiterung der Grenzen des neuen Staates Libanon durch, nicht zuletzt unter maßgeblicher Führung des maronitischen Patriarchen Ilyas Howayyek (Ilyās Ḥwāyik) und umfasste neben dem Libanon-Gebirge des Anti-Libanon-Gebirge mit der dazwischen liegenden Bekaa-Ebene, die Stadt Beirut, sowie die Regionen Tripoli, Sidon und Tyros. Die Abspaltung Libanons von den syrischen Gebieten war zwar im Sinne maronitischer Interessen, doch im neuen Staat Groß-Libanon existierten andere konfessionelle Gemeinschaften, wie die Sunniten und Schiiten. Diese Gemeinschaften (arabische und syrische Nationalisten, sowie die meisten Muslime und nicht-katholische Christen) waren gegen die französische Mandatsherrschaft und für den Verbleib bei Syrien (DIN 2009: 64-65). Um die Existenz eines unabhängigen Libanon zu rechtfertige, haben seine Befürworter unterschiedliche Theorien: Der Libanon „sei zwar arabisch, besitze aber eine ganz spezifische Form der arabischen Zivilisation, eine spezifische libanesische, die bewahrt werden müsse" (DIN 2009: 65) oder der Libanon sei „ein Zufluchtsort für Christen, umgeben von Islam und arabischem Nationalismus; das libanesische Volk bilde eine unabhängige Nation, christlich, mediterran und mit dem katholischen Europa verbunden" (DIN 2009: 65-66). Am 1.09.1920 veranlasste der französische Delegierte Henri Gouraud die offizielle Gründung des Grand-Liban (Groß-Libanon) und seine Grenzen.

Das Aufkommen Groß-Libanons hat aber die konfessionelle Beschaffenheit der libanesischen Entität im Libanon-Gebirge von der Klarheit einer soliden maronitischen und christlichen Mehrheit mit einer drusischen Minderheit und einer kleinen schiitischen und sunnitischen Präsenz in ein kompliziertes konfessionelles Konglomerat transformiert. Das neue Land enthielt sunnitische und schiitische Muslime, die damals schon etwa die Hälfte seiner Bevölkerung ausmachten. (DIN 2009: 66)

Zudem suchte die französische Administration die Kooperation zu allen konfessionellen Gruppe, da dies zu einer Stabilisierung ihrer eigenen Herrschaft führen sollte. Die maronitische Elite dagegen wollte das entscheidende Machtmonopol im neuen Staat sein. 1926 wurde der Libanon mit einer neuen Verfassung zur Republik erklärt. Die Sunniten verstanden es im Laufe der Dreißiger Jahre die neuen Realitäten, d.h. ihren gesellschaftlichen und politischen Aufgaben im Staat zu akzeptieren. Um sich den gesellschaftlichen und politischen Einfluss zu sichern, mussten sie mit der maronitischen Elite kooperieren. Auf maronitischer Seite verfolge Bishara al-Khoury, einer der beiden politischen Führer, eine pragmatische Linie gegenüber der sunnitischen Elite und Syrien. Eine maronitisch-sunnitische Kooperation zielte auch auf das „Projekt" der absoluten Unabhängigkeit hinaus und verstärkte sich insbesondere durch die autoritären Maßnahmen der französischen Mandatsmacht. Zudem brach 1935 eine Streitigkeit zwischen dem Patriarchen und der Mandatsmacht über die Tabaksteuer, die die französische Administration im Libanon und in Syrien kontrollierte, aus. So förderte dieses Ereignis die maronitisch-sunnitische Zusammenarbeit. Der politische Führer der Sunniten, Kazem al-Solh, erkannte, dass durch den sunnitischen Boykott des Staates, die Sunniten selbst im Nachteil waren. Als nach dem Ausbruch des Zweiten Weltkriees der französische Hochkommisar die Verfassung außer Kraft setzte und das Parlament auflöste, ernannte er zudem Emile Edde, Gegenspieler al-Khourys, zum Staatsoberhaupt. Die Niederlage Frankreichs 1940, führte dazu, dass die französische Administration der Vichy-Regierung unterstellt war. Diese verweigerte jegliches Zugeständnis an die libanesische Forderung nach Unabhängigkeit ab. Die Briten sahen die Stunde der Gunst gekommen und unterstützten die libanesische Bewegung um die Bevölkerung auf ihre Seite zu bekommen und somit den Einfluss Franzosen in dieser Region zu schwächen (ANGERN 2010: 148-149).

3.4 Der unabhängige Staat Libanon bis zum Bürgerkrieg (1943- 1975)

Trotz des kurzen libanesischen Bürgerkrieges von 1958 erlebte der Libanon unter dem Präsidenten und ehemaligem Armeechef Fouad Chehab/ Fuʾād Šihāb (reg. 1958-1964) seinen wirtschaftlichen Höhepunkt. Er leitete Sozialreformen und große Aufbauprojekte ein. Staatliches Kapital wurde in Telefon- und Stromnetz, Wasserversorgung und Verkehrsverbindung, vor allem in wirtschaftlich und infrastrukturell schwachen Region (der Norden um Tripoli, die Bekaa-Ebene und der Süden) investiert. Der Kurs des neuen Präsidenten galt „später als ‚goldene Jahre' im ‚Paris des Ostens' (Beirut) verklärte kurze Epoche zwischen den Bürgerkriegen" (ANGERN 2010: 156). Der Nachfolger Chehabs, Charles Helou (reg. 1964-1970), versuchte die Reformen und Projekte weiter auszubauen, was ihm auch zunächst gelang, doch das regionale Umfeld wurde zusehends instabil und fragil. Intern stellte zudem die starke Präsez palästinensischer Flüchtlinge und Widerstandsgruppen, gegen Israel führten, ein gravierendes Problem dar. Obwohl der Libanon nicht direkt im israelisch-arabischen Junikrieg von 1967 beteiligt war und als einzige Anrainerstaat keine Gebiete verlor, beeinflusste das regionale Geschehen die innere Stabilität des Libanon. Somit nahmen die staatlichen Investitionen ihr Ende. „Gegen Ende Oktober 1969 befanden sich palästinensiche Guerillabewegungen und die libanesiche Armee, die die staatliche Autorität durchsetzen sollte, quasi im Krieg" (ANGERN 2010: 157). Im *Cairo Agreement* einigte sich die libanesische Regierung und der Vorsitzende der palästinensischen Befreiungsorganisation (PLO), im Novermber 1969 darauf, dass die Palästinenser außerhalb der Flüchtlingslager der libanesischen Staatsautorität unterworfen sind, aber innerhalb der Flüchtlingslager ihre eigenen Angelegenheiten regeln. Durch dieses Abkommen hoffte der libanesische Staat auf Ruhe und Stabilität an der Südgrenze zu Israel. Ein weiteres Dilemma stellte die unterschiedliche innerlibanesische Haltung gegenüber dem palästinensischen Widerstandkampf dar. Die einzelnen konfessionellen Gemeinschaften wurden nach und nach militarisiert und radikalisiert . Die Sunniten sahen sich in der Pflicht, ihren palästinensichen „Glaubensbrüdern" zu unterstützen. Die Christen sympathisierten zwar einerseits mit dem palästinensischen Freiheitskampf, doch andererseits fürchteten sie die Folgen, die bei diesem Kampf auf den libanesischen Staat treffen würde. Sunnitische Flüchtlinge gefährdeten zudem das konfessionelle Gleichgewicht. Schließlich stellten sich die palästinensischen Milizen gegen die libanesische Exekutive, dessen Spitze und Schlüsselpositionen maronitisch besetzt war. Die Schiiten waren in zwei Lager gespalten: Ein Teil der schiitischen Bevölkerung unterstützte den palästinensischen Widerstand, ein anderer Teil fühlte sich nicht nur in „ihrem Territorium" (Südlibanon) bedroht, sondern hatte durch die israelischen Vergeltungsangriffe schwere Verwüstungen und eine hohe Anzahl an zivilen Opfern zu beklagen (ANGERN 2010: 159).

Der Zerfall der staatlichen Autorität, der zunehmende wirtschaftliche Niedergang und die damit zusammenhängende Ausweitung der Kluft zwischen armen und reichen Schichten, sowie zwischen ländlicher und städtischer Bevölkerung und die sich weiter verschärfende Konfessionalisierung luden die ohnehin kritische politische Lage zusätzlich mit sozialer Unzufriedenheit auf und führten schließlich unter Präsident Sulaiman Frangijeh (Sulaymān Franǧiyyah) ab 1970 den Libanon immer näher an einen Bürgerkrieg. (ANGERN 2010: 159)

Die Ursachen des Bürgerkrieges waren nicht nur konfessioneller Art, viel entscheidender waren soziale, wirtschaftliche und politische Faktoren, sowie regionalen und überregionalen Interessen. Soziale Spannungen bekamen zunehmend einen konfessionellen Charakter: „Das Wohlstandsgefälle im Libanon verlief in erster Linie nicht zwischen Konfessionen, sondern zwischen der Stadt- und Landbevölkerung. Der Unterschied stimmte allerdings wegen der unterschiedlichen Zusammensetzung der Landbevölkerung und jener Beiruts oftmals mit konfessionellen Grenzen überein" (BIEBER 1999: 150). Die unteren Schichten der Bevölkerung gerieten durch den Import teurer Waren, Immobilienspekulationen und einer hohen Inflation weiter in einen tiefen Sog. Die Dorfbewohner aus dem Südlibanon siedelten in die Hauptstadt, da sich die Lage im Südlibanon durch die palästinensische Guerillekämpfer verschärfte. In Beirut indess trafen die reiche und arme Welt aufeinander: „Um 1970/71 klaffte die Schere zwischen den zwei Libanons, dem reichen und dem armen, wie nie zuvor. Die Polizei konnte Gewaltverbrechen kaum vom üblichen Chaos unterscheiden. Und dies in einer Gesellschaft, deren Wirtschaft boomte und in einer Stadt, deren Banken von Geld überquollen" (ANGERN 2010: 160). Auf politischer Ebene forderten die Sunniten nach mehr Machtbeteiligung, somit nach eine Änderung des konfessionellen Proporzsystems. Einer der führenden Gegner des Konfessionalismus war der Druse Kamal Gumblatt, der für die Säkularisierung des Systems stand. So war der Libanon im Frühjahr 1975 ein fragiler Staat ohne staatliche Autorität. Die Autorität übernahmen zum Teil Milizen der einzelnen Gemeinschaften, die sich bereits vollends ausgerüstet hatte.

3.5 Der libanesische Bürgerkrieg (1975-1990)

Im Folgenden soll eine kurze Darstellung des libanesischen Bürgerkrieges dargelegt werden, welche zum Verständnis der Gesamtzusammenhänge dient.

Die Mischung aus widerstreitenden politischen und wirtschaftlichen Interessen, der Konflikt zwischen unterschiedlichen Ideologien und Grundsatzfragen hinsichtlich der Identität des Libanon, zwischen der immer stärker werdenden Präsenz schwer bewaffneter Palästinensermilizen und der sich immer stärker in die Defensive gedrängt fühlenden maronitischen Bevölkerung, und auch daraus resultierende interkonfessionelle Spannungen führten schließlich im April 1975 zum offenen Ausbruch der Gewalt. (ANGERN 2010: 161)

Der libanesische Bürgerkrieg war ein Krieg mit lokalen, regionalen und überregionalen Konfliktparteien und Interessen, „so dass der Gesamtkonflikt teils als Bürgerkrieg und teils als Stellvertreterkrieg bezeichnet werden muss" (ANGERN 2010: 161). Konfliktparteien waren unter anderem: Die politisch sowie ideologisch gespaltenen konfessionellen Milizen, die palästinensische Guerilla, fremde Truppen (Syrien und Israel), internationale Söldner und ausländische Militärberater. Als überregionale „Akteure" werden USA und Iran gezählt. Die anfänglichen Allianzen, die vor und während des Krieges geschlossen wurden, waren nicht stabil und dementsprechend gab es mehrere sich verändernde Allianzen. Zu Kriegsbeginn standen sich die mehrheitlich muslimisch-drusische Allianz aus linken zum Teil traditionellen Kräften, die sich mit der PLO verbündeten und eine Reform des Systems forderten gegen das christlich-maronitische Bündnis rechter Parteiengruppen, *Libanesische Front* (LF). Letzteres wollte palästinensische

Kampfmiliz aus dem Libanon vertreiben (ANGERN 2010: 161-162). Der Auslöser des Krieges war ein Angriff Unbekannter auf eine Kirche am 13.April 1975. Daraufhin fielen christliche Milizen einen Bus mit mehrheitlich palästinensischen Fahrgästen an. Bei beiden Vorfällen gab es mehrere Tote. Die Situation eskalierte und die konfessionell gespaltene Bevölkerung begann sichgegenseitig zu bekriegen. Zu Beginn waren klare Linien zwischen den Gruppierungen erkennbar, die sich aber während des Bürgerkrieges veränderten, so dass ursprünglich nicht mögliche Bündnisse und wechselnde Fronten in Betracht kamen. Anfangs standen christliche Milizen gegenüber Sunniten, Schiiten, Drusen und Palästinensern. Mit der als "Schwarzen September" bezeichneten Vertreibung der palästinensischen Befreiungsorganisation(PLO) aus Jordanien stieg die Anzahl der Muslime im Libanon, da die Vertriebenen Palästinenser in den Libanon flohen. Besonders im Südlibanon siedelte sich die PLO an und wurde zur stärksten militärischen Macht. Unterstüzung erhielten sie von sunnitischen Milizen und der politischen Interessenvertretung der Drusen. Die Tatsache, dass sich Muslime und Christen feindselig gegenüberstanden, konnte leicht polarisiert, instrumentalisiert und für eigene Zwecke missbraucht werden. Zunächst marschierten die syrischen Truppen 1976 mit der Begründung vermitteln zu wollen in den Libanon ein. Indes unterstützten sie militärisch die christlichen Milizen und sorgten dafür, dass sich die Christen, anfangs noch unterlegen, wieder militärisch die stärkste Kraft darstellten. Die israelische Einmischung in den libanesischen Bürgerkrieg begann spätestens 1977: Israel unterstützte nicht nur die christlichen Milizen, sondern nahm am Krieg insofern teil, in dem sie an der Grenzeregion zu Israel ,im Südlibanon, die muslimische Bevölkerung massakrierte. Die PLO führte selbst verschiedene Operationen gegen Israel. Im März 1978 fiel Israel letztlich, aufgrund einer palästinensischen Kommandoaktion in der Nähe der Stadt Haifa, mit 25 000 Soldaten in Libanon ein und rückte bis zum Fluss Litani vor. Bei dieser Operation(Operation Litani) starb vor allem ein großer Anteil der Zivilbevölkerung. Bereits im Juni zogen sich die israelischen Truppen gemäß der Forderung des UNO-Sicherheitsrates zurück. Doch wenige Jahre später(1982) marschierten israelische Soldaten wieder in den Libanon ein. Diesmal drangen sie aber bis Beirut vor und umschlossen den westlichen, von mehrheitlich Muslimen besiedelten Teil der Stadt. Dort befand sich auch das Hauptquartier der PLO. Die Belagerung und Bombadierung Beiruts dauerte 70 Tage. Es gab viele Opfer unter der Zivilbevölkerung, so dass der Druck auf die PLO wuchs und schließlich 10. 000 Palästinenser und 3. 600 syrische Soldaten durch die diplomatische Vermittlung der USA aus Beirut evakuiert wurden. Der israelische Auszug dauerte von 1983 bis 1985. Zwar wurde eine internationale Schutztruppe(MNF) als Pufferzone in Beirut eingesetzt. Diese aber zog sich relativ schnell wieder zurück und überließ die Stadt der von israelischer Seite unterstützten christlichen Gemayel-Miliz. Israelische Soldaten und Militäreinrichtungen waren noch bis zum Jahr 2000 in der von ihnen bestimmten "Sicherheitszone" an der Grenze präsent. Ein Waffenstillstand wurde am 22.September 1989 von der Arabischen Liga in die Wege geleitet und am 1.Oktober 1989 fanden in Taif(Saudi-Arabien) die Verhandlungen zwischen den Abgeordneten des libanesischen Parlamants und den Bürgerkriegsparteien statt (PLAMBECK 2005: 14-17).Viele kurzzeitige Bündnisse, konfessionübergreifende Formationen, wie auch ausländische Partner waren die Eigenschaften dieses Krieges. Wie in vielen Bürgerkriegen hatte man letztlich keinen Überblick mehr und konnte die verschiedenen Fronten nicht einordnen. Die wechselnden Fronten, besonders konfessionsübergreifende Allianzen, verdeutlichen, dass machtpolitische Interessen eine große Rolle unter den Religionsgemeinschaften spielten.

4. Das konfessionelle Proporzsystem

4.1 Begriffsdefinition

Das Wort *Poporz* stammt aus dem lateinischen und bedeutet Verhältnis bzw. Verhältnismäßigkeit. Der Proporz ist zudem auch eine Kurzbezeichnung für Proportionalität und meint die im gleichmäßigen Verhältnis stehende Repräsentation der gesellschaftlichen Gruppen bzw. Segmenten in der Besetzung von Regierungen, Ämtern und Gremien.[11]Die parlamentarisch-demokratische Republik Libanon ist vom religiösen Proporz geprägt, d.h. die Besetzung der Verfassungsorgane erfolgen nach dem Kräfteverhältnis der Konfessionen. Oft wird das politische System des Libanon auch als eine Konkordanzdemokratie bezeichnet, da es einerseits nicht nur versucht alle Bevölkerungsgruppen in das politische System zu integrieren bzw. keines auszuschließen, sondern andererseits versucht, gesellschaftliche Konflikte durch „Verhandlungen, Kompromisse und möglichst breite Übereinstimmung" zu lösen, statt „über politische Mehrheiten und (einfache) Mehrheitsregeln."[12]In der Literatur werden meist das Proporzsystem und die Konkordanzdemokratie als Synonyme verwendet. Der renommierte Politikwissenschaftler Arend Lijphart ist durch seine vergleichende Studien über die Konsens- und Konkurrenzdemokratie nicht nur im deutschen Sprachraum bekannt geworden.

4.2.1 Konfessionelle Teilung im Osmanischen Reich

---

11 Bundeszentrale für politische Bildung: *Proporz*.

http://www.bpb.de/nachschlagen/lexika/politiklexikon/18077/proporz, (letzter Abruf: 24.08.2014).

12 Bundeszentrale für politische Bildung: *Konkordanzdemokratie*.

http://www.bpb.de/nachschlagen/lexika/politiklexikon/17737/konkordanzdemokratie, (letzter Abruf: 24.08.2014).

4.2.1.1 Millet-System

Auch wenn es während der Osmanischen Herrschaft bis ins Mitte des 19. Jahrhundert keinen „festgesetzten Proporz" gab, wurden schon unter den Osmanen, die konfessionellen Gruppen unterschiedlich behandelt. Nach dem Prinzip des traditionellen muslimisch Staatswesens, wurden zwischen Muslimen und Nicht-Muslime unterschieden. Die gesellschaftliche Struktur hatte eine vertikale und horizontale Ebene: Die Vertikale verlief zwischen Muslimen und Nicht-Muslimen, wohingegen die Horizontale entlang der sozialen Hierarchie verlief. Die horizontale Ebene umfasste alle anerkannten Konfessionen. An der Spitze dieser Hierarchie standen Beamte der Hohen Pforte, Schriftgelehrte (mit ähnlichen Aufgaben wie die Beamten) Angehörige des Militärs oder Geistliche. Die zweite Gruppe in der Hierarchie bildete das gemeine Volk, bestehend aus Muslimen und Nicht-Muslimen. Alle Nicht-Muslimen monotheistischen Glaubens wurde als Schutzbefohlene *Dhimmi* (Ḍimmī) unter dem Schutz der muslimischen Herrschaft gestellt. Im Laufe der Zeit wurde dieses Schutzbündnis auch auf nicht-monotheistische Gemeinschaften ausgeweitet. Die Dhimmis waren zwar von der Armeepflicht befreit, mussten aber dafür eine Kopfsteuer *Dschizya* (ǧizya) zahlen. Im Osmanischen Reich wurde das multi-konfessionellte Volk in Millets, also in religiöse Selbstverwaltungseinheiten, eingeteilt. Obwohl es am Anfang auch muslimische Millets ab, bezog sich dieses spezielle Konzept im späteren Verlauf auf die Nicht-Muslime. Weiterhin wurde dieses Millet-System auch auf die nationalen Gruppen ausgedehnt. Die religiösen Millets hatten ihe eigene Verwaltung und ihr eigenes Rechtssystem. Das religiöse Zivilrecht ist heute noch ein Bestandteil des Libanon. Durch europäische Einfluss konnten vor allem Christen ein modernes Ausbildungssystem aufbauen (BIEBER 1999: 13-15). So waren die Millets im Osmanischen Reich gesellschaftlich geschlossene Einheiten, die eine Parallelexistenz führten. Sie sicherten aber auch den Fortbestand verschiedener Gruppe.

4.2.1.2 Das System der Qāʾimmaqāmiyyah (1842-1860)

Nach den Unruhen Mitte des 19. Jahrhunderts durch die maronitisch-drusischen Auseinandersetzungen und osmanisch-europäischen Eingriffen geprägt war und zum Fall des Emiratsystems führte, versuchte das Osmanische Reich das Libanon-Gebirge direkt zu regieren. Die europäischen Mächte hatten zu dieser Zeit bereits starken Einfluss auf die Hohe Pforte und wollten dies verhindern. Sie veranlassten den Osmanischen Außenminister Shakib (Šakib) Efendi 1842 eine neue Regelung einzuführen (Règlement Shakib Efendi). Diese neue Regelung sah vor, dass das Libanon-Gebirge in einen nördlichen maronitischen und einen südlich drusischen

Verwaltungsbezirk (osman.-arab.: Qā'immaqāmiyyah) geteilt, die von einem maronitischen bzw. drusischen Bezirksgouverneur verwaltet werden sollte (DIN 2009: 57). Diese Regelung warf viele offene Fragen und Probleme auf. Zum einen waren die zwei Verwaltungsbezirke keine homogene Siedlungsgebiete und zum anderen blieb offen, unter welche Jurisdiktion die Drusen im nördlichen Teil und die Christen im südlichen Teil leben sollten. Denn bis dato hatte jede religiöse Gemeinschaft ihre eigene Rechts- und Verwaltungshoheit. Zudem gab es auch andere Konfessionsgemeinschaften (Griechisch-Orthodoxe, Sunniten, Schiiten), die weder unter der drusischen, noch unter der maronitischen Verwaltung regiert werden wollten. Zwar wurde 1845 das Problem der Jurisdiktion für die Christen im Süden gelöst, doch auch dies konnte keinen langhaltigen Frieden gewährleisten. Eine weitere Regelung, die für die Geschichte des Libanon bis heute prägend ist, wurde durch die Gründung des Verwaltungsrates verwirklicht. Dieser multi-konfessionell zusammengesetzte Rat hatte zwölf Mitglieder, die durch die sechs großen Religionsgemeinschaften repräsentiert wurdne. Jede Konfession bekam jeweils zwei Sitze (Maroniten, Drusen, Griechisch-Orthodoxe, Griechisch-Katholiken , Sunniten und Schiiten) (KOCH 2007: 132). „Zum ersten Mal in der Geschichte des Libanongebirges basierte eine Institution auf der formellen Repräsentation der Religionsgemeinschaften und wurden die sechs benannten großen libanesischen Konfessionen als politische Einheiten anerkannt" (KOCH 2007: 132-133). Weiterhin wurde beschlossen, dass die Mitglieder des Verwaltungsrates aus sechs Richern sowie sechs Beratern bestehen soll. Dem Gouverneur sollten sie in Streitfällen bzw. steuerlichen Fragen beistehen. Darüberhinaus sollte der Rat bei der Festsetzung , Verteilung und Eintreibung von Steuern und bei der Entscheidung über juristische Streitfälle behilflich sein (KOCH 2007: 133). Doch auch die neue Ordnung brachte keine Lösung zum soziopolitischen Konflikt zwischen verfeindeten maronitisch-drusischen Gruppen. Zudem fühlten sich besonders die Bauern politisch unzureichend repräsentiert und wurden durch die feudalen Familien unterdrückt. Schließlich endete der Konflikt zwischen der feudalen Aristokratie und den Bauern 1858 in einer Bauernrevolte im nördlichen Bezirk.

Der Funke der Revolution sprang auf den südlichen Bezirk über. Dort führte er zu einem Krieg zwischen Drusen und Maroniten. Während sich im nördlichen Bezirk maronitische Bauern gegen maronitische Notabeln erhoben hatten, erhoben sich im südlichen Bezirk maronitische Bauern gegen drusische Notabeln. Als die Schiiten und die Sunniten für die Drusen Partei ergriffen und die Griechisch-Orthodoxen und Griechisch-Katholiken für die Maroniten, wurde Libanon in einen verheerenden Bürgerkrieg gezogen, der 1860 in den Massakern der Drusen an den Christen endete. (DIN 2009: 59)

Es wird deutlich, wie leicht sozioökonomische Interessenkonflikte in konfessioneller Gewalt enden können. Das System der *Qā'immaqāmiyyah* hatte bedeutende Veränderungen für das Libanon-Gebirge und seine Bevölkerung: Zum ersten Mal hatte die Einwohner des Libanongebirges eine formelle und paritätische Repräsentation ihrer religiösen Gemeinschaft in einer multi-konfessionellen Ratsversammlung. Dies markierte den Anfang eines konfessionalisierten politischen Systems und legte den Grundstein für die weitere Entwicklung des Libanon. Schließlich institutionalisierte die Einteilung des Libanon-Gebirges die Idee eines konfessionellen Territoriums (DIN 2009: 57-58).

4.2.1.3 Das System der Mutaṣarrifiyyah (1861-1915)

Nach dem Ende des Bürgerkrieges 1860 gründeten das Osmanische Reich unter dem Druck der europäischen Großmächte das autonome osmanische Gouvernorat Libanon-Gebirge (Mutaṣarrifiyyah Ǧabal Lubnān). Diese Regelung wurde im *Règlement Organique* 1861 von den Großmächten in Istanbul ausgehandelt. Der neue Distrikt wurde offziell auch als Libanon bezeichnet und umfasste lediglich das Libanon-Gebirge (Klein-Libanon), ohne die Städte Beirut, Tripoli, Sidon, die Bekaa-Ebene, das Amil-Gebirge (Ǧabal ʿāmil) und der Wadi al-Teim (Wādī at-Taym). Die konfessionelle Regelung wurde zwar beibehalten, doch eine Änderung von paritätischer hin zur proporzmäßiger Repräsentation durchgeführt. Es wurde also ein Konfessionsproporz für die Ratsversammlung nach numerischen Stärke der Konfessionsgemeinschaften festgesetzt. Im Verwaltungsrat waren demnach vier Maroniten, drei Drusen, zwei Griechisch-Orthodoxe, einen Griechisch- Katholiken, einen Sunniten und einen Schiiten. Weiterhin musste der osmanische Mutaṣarrif (Gouverneur) ein katholischer, nicht-libanesischer Christ sein und zusätzlich die Zustimmung der westlichen Schutzmächte haben (DIN 2009: 61-62). Während der Periode *Mutaṣarrifiyyah* entwickelte sich auch zusehends der maronitisch-libanesische Nationalismus.

Der *Mutaṣarrifiyyah* brachte Libanon-Gebirge die politische Autonomie und mit der exportorientierten Produktion von Rohseide, in der schließlich die Hälfte der Bevölkerung beschäftigt war, gleichzeitig wirtschaftliche Abhängigkeit von außen. [...] Doch bei allen positiven Bilanzen beruhten Stabilität und Prosperität des *Mutaṣarrifiyyahs* auf dem Prinzip des konfessionellen Proporzes- eine der wichtigsten Ursachen für die bis zur Gegenwart bestehenden Konflikte des Landes (DIN 2009: 62-63).

4.2.2 Verabschiedung der libanesischen Verfassung 1926

Die Verfassung des Groß-Libanon wurde im Jahre 1926 verabschiedet. Trotz einer eigenen Verfassung, stand der libanesischen de facto unter französischer Mandatsherrschaft. Der Konfessionsproporz wurde mit der Festlegung für die Wahlen zum Repräsentivrat (Vorläufer des libanesischen Parlaments) 1922 provisorisch festgelegt und 1926 in die Verfassung aufgenommen. „Insbesondere die Maroniten beharrten auf die Vorrechte der einzelnen Religionsgemeinschaften, speziell auf das Recht der Religionsgemeinschaften auf Selbstverwaltung bezüglich

Personenstandsrecht und auf Repräsentation durch ein eigenes religiöses Oberhaupt, außerdem auch auf das Rech auf eigene Erziehungssysteme (Art.10), was sie als einzig dauerhaften Sicherungsmechanismus gegen eventuell drohende Dominierung durch die Muslime betrachteten" (ANGERN 2010: 147). Das Paradoxon bestand darin, dass ausgerechnet Frankreich, Vorreiter in der säkulären Nationalstaatsidee, zur politischen Konfessionalisierung des Libanon beitrag. Michel Chiha (Şihā), Hauptarchitekt der Verfassung, war dennoch bemüht die Interessen aller Konfessionen zu berücksichtigen. „Er habe dafür gesorgt, dass die Verfassung nicht jedes Detail der politischen Ordnung vorsieht, um dadurch periodische Anpassungen aus dem Geben und Nehmen der verschiedenen Religionsgruppe und politisch Klans zu ermöglichen" (KOCH 2007: 167-168).

4.2.3 Die Volkszählung 1932

In einem Staatssystem, welches auf die Proportionalität seiner Bevölkerung baut, sollte eine kontinuierliche Durchführung einer Bevölkerungsstatistik unumgänglich sein. Dennoch gibt es lediglich eine einzige Volkszählung von 1932, alle anderen Angaben bzw. Statistiken zur konfessionellen Struktur sind Schätzungen. Im Jahre 1900 betrug die Einwohnerzahl im Libanon-Gebirge circa 400.000. Davon waren etwa 85 Prozent Christen bzw. 60 Prozent Maroniten. Nach der Gründung des Groß-Libanon und damit auch den neuen dazugehörigen Regionen (die Küstenstädte Tripoli, Beirut, Sidon und Tyros, die Bekaa-Ebene), die mehrheitlich muslimische Bewohner hatten, vergrößerte sich das ursprüngliche Libanon-Gebirge um 100 Prozent bzw. um eine 50 Prozent höhere Bevölkerungszahl (DIN 2009: 131-132). Trotzdem stellten die Christen bei der Volkszählung von 1932 die knappe Mehrheit dar: 393.000 Christen (51,2%) und 383.000 Muslime (48,8%), davon stellten Maroniten 28,8%, Sunniten 22,4%, Schiiten 19,6%, Griechisch-Orthodoxe 9,8%, Drusen 6,8%, Griechisch-Katholiken 5,9% und die restlichen Gemeinschaften etw 6,8% der Bevölkerung dar. Auf diese Statistik stützte sich auch der Nationalpakt von 1943, welcher nach der libanesischen Unabhängigkeit zwischen Muslime und Christen als Kompromis beschlossen wurde. Seit dem bestimmt auch diese Statistik den konfessionellen Proporz in Parlament, Regierung und Verwaltung des Libanon. Obwohl sich nach der Volkszählung von 1932 die demographischen Struktur der libanesichen Gesellschaft durch unterschiedliche Geburten- und Sterblichkeitsraten und durch stark zunehmende Emigration (zunächst mehrheitlich libanesischer Christen und später libanesischer Schiiten) verändert hatte, wurde das politische-konfessionelle Verhältnis von sechs Christen zu fünf Muslimen angewendet. Erst nach dem Ende des Bürgerkrieges bzw. mit dem Taif-Abkommen 1989 wurde dieses Verhältnis auf fünf zu fünf geändert. Eine weitere Diskussion wird gegenwärtig darüber geführt, ob man die Libanesen im Ausland bei den Wahlen (die hauptsächlich zum Vorteil der christlichen Bevölkerung beitragen würde) bzw. die mehrheitlich sunnitischen Palästinenser im Libanon berücksichtigen soll. Vermutlich wurde und wird keine weitere Volkszählung aus Furcht vor Machtverlust und Unruhen durchgeführt.

4.2.4 Der Nationalpakt 1943

Der Nationalpakt von 1943 leitete die Unabhängigkeit des Libanon ein. Dieser wurde 1943 von den muslimischen Führer Riyad al-Solh und den christlichen Führer Bechera al-Khoury als ein „mündlicher Pakt" geschlossen. Dieses interkonfessionelle Abkommen wurde zwar nicht in die Verfassung aufgenommen, dennoch gilt sie heute und zeigt dadurch ihre Bedeutsamkeit. Der Nationalpakt teilt die höchsten Staatsämter konfessionell zwischen den größten Gemeinschaften auf: Der Staatspräsident soll ein Maronit, der Ministerpräsident ein Sunnit und der Parlamantspräsident ein Schiit sein. Die konfessionelle Quote von sechs zu fünf (sechs Christen zu fünf Muslimen) wurde auf Parlamentssitze und Ministerposten angewendet. Zudem erhielten die Maroniten die Schlüsselpositionen in Politik und Militär. Der sunnitische Führer al-Solh betonte, dass Muslime den Libanon als Heimat ansehen werden und nich mehr den panarabischen Zielen folgen werden. Der christliche Führer al-Khoury verkündete seinerseits, dass die Christen nicht mehr den französischen Schutz suchen werden. Diese beiden politischen Führer standen auch für die politischen Linie ihrer Gemeinschaft. So war der Nationalpakt ein Kompromis zwischen den maronitischen und sunnitischen Lager, statt zwischen allen politischen Kräften des Landes. Wichtig war es auch, den Staat Libanon zu definieren. Dabei einigte man sich, dass der Libanon weder dem Orient noch dem Okzident zugehörig sei und, dass er trotz seines arabischen Gesichtes, einen besonderen Charakter hätte. Als gesetzlicher Ruhetag wurde der in den christlichen Ländern üblicher Sonntag festgelegt (KOCH 2007: 165-166). Eine konfessionelle Teilung gab es auch bereits vor dem Nationalpakt, doch die Neuheit diesmal stellte die Machtteilung zwischen den drei Personalorganen (Staatspräsident, Ministerpräsident, Parlamentspräsident) dar. Davor wurden diese Posten zumindest nicht explizit vereinbart. Artikel 95 der Verfassun stellte lediglich fest, dass die Religionsgemeinschaften im öffentlichen Dienst, sowie in der Regierung „in gerechter Weise" repräsentiert werden sollten. „Weder die einzelnen Beteiligten noch die Machtteilungsquote gehen aus diesem Artikel hervor. Damit berücksichtigt Art. 95, dass die Bedeutung der Segmente dem Wandel unterliegt und zu unterschiedlichen Zeitpunkten unterschiedliche Modelle als gerechte Machtteilung empfunden werden" (KOCH 2007: 167). Bis 1934 waren alle Staatpräsidenten zwar Christen, doch nicht ausschließlich Maroniten (drei der sechs Staatspräsidenten während des französischen Mandats waren keine Maroniten). Das Amt des Parlamentspräsidenten war nie schiitisch besetzt, sondern sunnitisch, maronitisch und griechisch-orthodox. Auch das Amt des Ministerpräsidenten war zeitweise maronitisch und sunnitisch besetzt worden. Zusammenfassend fällt das Urteil über den historischen Nationalpakt geteilt aus. Einerseits wird vertreten, dass die Machverteilung die gegensätzlichen politischen Vorstellungen vereint und diese Erwartungen der Konfessionen stabilisiert (KOCH 2007: 167-170). Demgegenüber steht die Meinung:

Indem er das Amt des Staatspräsidenten und alle anderen Leitungsfunktionen für Maroniten reserviete, festigte der Nationalpakt die im 19. Jahrhundert erkämpfte politische Dominanz der maronitischen Gemeinschaft. Dies hat eine große Bedeutung, da sich die Praxis zwischen 1920 und 1943 - wie gesehen- ausgesprochen flexibel gestaltet hatte. In dieser Situation, in der alle Religionsgemeinschaften offensichtlich den ‚Staat als ihren' ansahen und daher um das Amt des Staatspräsidenten kandidierten, trifft der ‚Nationalpakt' eine rigide Regelung, die für alle (damals 16) anderen Konfessionen eine Exklusion bedeutet. [...] Es ist nicht (mehr) vorstellbar, dass eine andere als die maronitische Gemeinschaft den Staatspräsidenten stellt, oder dass der Ministerpräsident nicht Sunnit ist, beziehungsweise der Parlamentspräsident kein schiitischer Muslim. (KOCH 2007: 170)

4.2.5 Das Taif-Abkommen 1989

Das Abkommen der nationalen Verständigung, bekannst als das Taif-Abkommen, beendete den libanesichen Bürgerkrieg und wird durch die neuen Verfassungänderungen, die es veranlasste, auch als die Grundlage für die „Zweite Libanesiche Republik" betrachtet. Das Abkommen besteht aus zwei Teilen: „Der erste enthält allgemeine Verfassungsprinzipien und Bestimmnungen über das politische System, der zweite befasst sich mit der Wiederherrstellung der Souveränität des Staates und mit den syrisch-libanesischen Beziehungen" (DIN 2009: 170). Letzteres war eine wichtiges Anliegen nationaler Kräfte, die die Souveränität des Staates schützen wollten. Dennoch sah das Abkommen auch vor, dass syrische Truppen aus sicherheitspolitischen Gründen im Land verbleiben sollten. Diese blieben bis 2005 im Land. Eine wichtige innenpolitische Veränderung war die Neuformierung der Machtteilungsquote. Das bisherige Verhältnis von sechs Christen zu fünf Muslimen sollten durch das paritätische Verhältnis von fünf Christen zu fünf Muslimen ersetzt werden.[13] Auch sollten die Spitzenbeamtenstellen paritätisch verteilt werden. Eine Volkszählung, die zuvor gemacht werden müsste, wurde aus Furcht vor den inzwischen neuen konfessionell-gesellschaftlichen Bevölkerun nicht durchgeführt. Besonders die Maroniten befürchteten dadurch einen Machtverlust. Unverändert blieb die Konfessionelle Machtverteilung der höchsten Staatsämter. Dennoch erlitten die Maroniten, in der Figur des mit Machtfülle ausgestatteten Staatspräsidenten repräsentiert, einen deutlichen Machtverlust: Vorher lag die exekutive Gewalt beim Präsidenten, doch jetzt lag sie gemäß Artikel 17 beim Ministerrat. Der Präsident ist zwar immer

---

13„Die Parität entstand durch die Aufstockung der Abgeordnetenzahl um neun muslimische Parlamentariar auf insgesamt 108. Später wurde diese Zahl nochmals auf 128 erhöht" (DIN 2009: 170)

noch der Oberbefehlthaber der Armee, doch die Administration und der Einsatz der Streitkräfte werden vom Kabinett beschlossen.weiterhin schränkten folgende Veränderungen die Macht des Präsidenten und stärkten die Verfassungsorgane und die Position des Ministerpräsidenten:

Nach Artikel 65 bedürfen Angelegenheiten von grundlegender nationaler Bedeutung eine Zweidrittel-Mehrheit im Ministerrat. Nach Artikel 56 können Regierungsdekrete nicht mehr vom Präsidenten beschlossen werden, sondern vom Kabinett. Artikel 52 bestimmt das gleiche für die Ratifizierung internationaler Abkommen die keine parlamentarische Zustimmung brauchen. Artikel 53 schreibt vor, dass der Präsident nicht mehr nach eigenem Gutdünken den Ministerpräsidenten und seine Minister, auf die nun die exekutive Macht übertragen wurde, ernennen und entlassen kann, sondern nur im Einvernehmen mit dem Parlament. Es ist auch nicht mehr mögich, dass der Präsident und ein ihm nahestehender Ministerpräsident in Krisenzeiten am Parlament vorbei Gesetze beschließen. (DIN 2009: 171)

Eine weitere bedeutende Zielsetzung dieses Abkommens war die Abschaffung des Konfessionalismus. Dies sollte schrittweise geschehen und so das konfessionell organisierte System, welches „die Verteilung von Positionen und anderen Ressourcen auf der Grundlage konfessioneller Zugehörigkeit" (DIN 2009:171) regelt, durch weitere Zielsetzungen und dieses Ziel unterstützende Einrichtungen laut Artikel 95 abschaffen. Doch dieses Ziel blieb nur auf dem Papier. So ist der Konfessionalismus immer noch ein Teil der libanesischen Politik und Gesellschaft und prägt die Denkweise der Bevölkerungsmehrheit.

4.2.6 Das Wahlrecht seit dem Taif-Abkommen

Die Abgeordneten des libanesichen Parlaments sollen die Nation repräsentieren. Dies entspricht dem Artikel 27 der Verfassung. Das Wahlgesetz berücksichtigt bzw. organisiert bereits seit der Mandatszeit auch die Repräsentation der Religionsgemeinschaften. Seit dem Taif-Abkommen setzt sich das Parlament aus 128 Abgeordneten zusammen, davon stehen 64 der Sitze den Christen und 64 der Sitze der Muslimen zu. Die konfessionelle Sitzverteilung im Parlament setzt sich folgendermaße zusammen: 34 Maroniten, 14 Griechisch-Orthodoxe, 8 Griechisch-Katholische, 5 Armenisch-Orthodoxe, 1 Armenisch-Katholischer, 1 Protestant, 27 Sunniten, 27 Schiiten, 8 Drusen, 2 Alawiten und ein Sitz ist den Minderheiten vorbehalten. Die Vereinbarung von Taif hatte eigentlich fünf Verwaltungsprovinzen, die auch gleichzeitig Wahlkreise sein sollten, vorgesehen. Dies wurde nicht in die Verfassung aufgenommen und auch in keinem Wahlgesetz umgesetzt. Da die Libanesen nocht in konfessionell homogenen Wohngebieten leben, wird jeder Walhkreis gesondert festgelegt. Dementsprechent ist die Wahlkreiseinteilung umstritten. Es wird versucht, Reformen einzuleiten, um dieses „Problem" zu lösen. „Das gegenwärtige (noch) gültige Wahlgesetz Nr. 171 vom 6. Januar 2000 teilt den Libanon in vierzehn Wahlkreise ein. Es setzt dabei niemals eine Verwaltunsprovinz als Wahlkreis an, sondern unterteilt die fünf Verwaltunsprovinzen in unterschiedlich viele Wahlkreise" (ANGERN 2010: 78). Dannach wird die Provinz Beirut in drei Wahlkreise, das Libanon-Gebirge in 4, der Norden und der Süden in jeweils zwei und die Bekaa-Ebende schließlich in drei Wahlkreise. Bei den Wahlen muss jeder Wähler die konfessionelle Verteilung des jeweiligen Wahlkreises respektieren. „Die Größe und der Wahlkreiszuschnitt determinieren die Zusammensetzung der Wähler in konfessioneller und politischer Hinsicht. Mehrheitswahl in Kombination mit vorher festgelegter konfessioneller Sitzverteilung heißt aber auch, dass letztlich die zur Wahl stehenden Bewerber derselben Religionsgemeinschaft miteinander konkurrieren, nicht die Bewerber der verschiedenen Konfessionen" (ANGERN 2010: 77-78)

4.2.7 Die libanesiche Krise und die Vereinbarung von Doha 2008

Seit dem Ende des Bürgerkrieges 1990 gab es politische Krisen, militärische Auseinandersetzungen und sogar einen libanesisch-israelischen Krieg (2006). Der Libanon stand immer wieder an der Grenze eines Bürgerkrieges. Die letzte Mal im Jahr 2008. Seit der Ermordung des einflussreichen politischen Führers der Sunniten, Rafiq Hariri, waren die Fronten zwischen pro-syrischen und anti-syrischen Lagern im Parlament weiter verhärtet: „Das prosyrische Lager bestand im Kern aus der schiitischen Hisbollah und aus der überwiegend christlichen ‚Freien Patriotischen Bewegung' (‚Free Patriotic Movement') das aus dem Exil zurückgekehrten ehemaligen Generals und Syriengegners Michel Aoun. Auf antisyrischer Seite befanden sich als Hauptakteure die ‚Bewegung der Zukunft' (Future Movement [tayyār mustaqbal]) Saad Hariris (Saʿd al-Ḥarīrī), des Sohns des ermordeten ehemaligen Premierministers, sowie die mittlerweile zur Partei avancierte Lebanese Forces Party (ehemals Forces Libanaises) des aus fast elfjähriger Einzelhaft entlassenen Samir Geagea, und die Progressive Sozialistische Partei Walid Gumblats" (ANGERN 2010: 173). Die Wahl des maronitischen Kandidaten des prosyrischen Lagers, Michel Sulayman (Mīšāl Sulaymān), der Oberkommandierende der Armee, wurde von der Hisbollah und Aoun, die über eine Sperrminorität verfügte, abgelehnt. So hatte Emile Lahoud (ʾımīl Lahūd) am 23. November 2007 keinen Amtsnachfolger. Die angespannte Situation eskalierte im Mai 2008 aus einem ganz anderen Grund: Die Hisbollah hatte in südlichen Vororten Beiruts ein privates Mobilfunknetz installiert, worauf die Pro-Hariri-Regierung des Premierministers Fouad Siniora (Fuʾād as-Sinyūrah), welche von Geagea und Gumblat gestützt wurde, sich dagegen stellte. Die Hisbollah-Miliz hätte sich damit einerseits der staatlichen Kontrolle entzogen und andererseits „eine der wenigen festen Einnahmequellen des libanesichen Fiskus´, nämlich diejenige aus den beiden staatlichen Mobilfunknetzen, untergraben" (ANGERN 2010: 174). Hisbollah hingegen bestand auf eine militärische Nutzung des Netzes im Kampf gegen Israel. Daraufhin übernahmen sie durch eien bewaffnete Offensive fast die gesamte

Kontrolle über das Land. Die Regierung bzw. die Regierungsarme reagierte zurückhaltend. Dieser Angriff auf das eigene Land und die eigene Bevölerung schadete dem Image der Hisbollah. Erst durch die von der Arabischen Liga einberufenen Konferenz in Doha (Katar) konnte die Krise überwunden werden. Die Blockade in der Nachfolgefrage des Präsidenten wurde durch das Friedensabkommen gelöst. Wenige Wochen nach dem Ausbruch der Kämpfe wurde Michel Sulayman am 25. Mai 2008 mit den Stimmen der Opposition, die von Hisbollah geführt wurde, zum Staatpräsidenten gewählt (ANGERN 2010: 174)

5. Schluss

Das Proporzsystem im Libanon könnte als Segen oder Fluch bezeichnet werden. Vermutlich treffen beides darauf zu. Wie in dieser Arbeit erörtert wurde, scheint es mehr Nachteile als Vorteile zu haben, Schließlich bestätigt dies auch die gegenwärtige Situation. Die folgende Analyse zur „Gesamtproblematik" des Libanon bringt es auf den Punkt:

Von Seiten *Israels*, welches hauptsächlich sicherheitspolitische Interessen verfolgt; oder von Seiten *Syriens*, welches eine Mischung aus finanziellen und sicherheitspolitischen Zielen hat bzw. hatte; oder von Seiten des *Iran*, der seit den achtziger Jahren seinen Einfluss zugunsten der schiitischen Bevölkerung ausbaut und sich vor allem im Kampf gegen Israel in der gesamten islamischen Welt aus ideologischen Gründen weiter profilieren will;oder von Seiten der *Hisbollah*, die nach außen gegen Israel und nach innen für die Interessen Syriens und des Irans, und für den Ausbau der eigenen Machtposition kämpft; oder von Seiten der verschiedenen *konfessionellen Gruppen und Parteien*, die alle nach dem Prinzip der proporzmäßigen Beteiligung befriedigt werden müssen, von denen aber keine einen Bruchteil des eigenen Besitzstandes aufzugeben bereit ist; oder von Seiten der *jeweils anderen der beiden Spitzen des Staates* (Premierminister bzw. Staatspräsident), die nicht zuletzt auch als Galleonsfiguren der sunnitischen bzw. der maronitischen Gemeinschaft betrachtet werden. Erschwerenderweise befinden sich alle diese Faktoren (die hier auch noch stark verkürzt dargestellt werden mussten) in stetigem Fluss, in von Situation zu Situation wechselnden Bündnisverhältnissen und in einem unablässigen Auf- oder Abstieg ihrer relativen Bedeutung im politischen Machtspiel des Landes.

Das Proporzsystem des Libanon ist ein Produkt interner und externer Einflüsse. In der Tradition der konfessionellen Teilung des Osmanischen Reiches, welche vom französischen Mandat weitergepflegt wurde, endete in dem libanesichen Nationalpakt, der von den Konfessionsgemeinschaft „selbst entworfen" wurde. Ob die Säkularisierung des Systems die Lösung ist und den innerlibanesischen Frieden sichern kann, ist ein Gegenstand gegenwärtiger politischer Diskurse.

Literaturverzeichnis

ANGERN, Wolf-Hagen von (2010): *Geschichtskonstrukt und Konfession im Libanon.* Berlin: Logos Verlag.

BIEBER, Florian (1999): *Bosnien-Herzegowina und der Libanon im Vergleich. Historische Entwicklung und Politisches System vor dem Bürgerkrieg.* Sinzheim: Pro Universitate.

KOCH, Cornelia (2007): *Verfassung im Kraftfeld von Krieg und Frieden. Von der konkurrenz- zur konkordanzdemokratischen Verfassung im Libanon.* Baden-Baden: Nomos.

PLAMBECK, Jessica (2008): *Politisierung von Religion in Konflikten. Hat Religion im Libanon eine konfliktverschärfende oder konfliktentschärfende Funktion?* Hamburg: Universität Hamburg.

ZEIN AL-DIN, Mayssoun (2009): *Religion als politischer Faktor. Eine Untersuchung am Beispiel der Frage des politischen Konfessionalismus in Libanon.* Heidelberg: Nomos.

Internetquellen

EL HUSSEINI, Abdel Mottaleb (2008): Religiöse Minderheiten im Islam. *Bundeszentrale für politische Bildung.* http://www.bpb.de/apuz/31149/die-religionsgemeinschaften-im-libanon?p=0 (letzter Abruf: 24.09.2014).

SCHIRRMACHER, Christine (2009): *Schiiten und Sunniten – Unterschiede islamischer „Konfessionen".* http://www.islaminstitut.de/uploads/media/Schiiten_b.pdf, S.1-5. (letzter Abruf: 20.09.2014).

Bundeszentrale für politische Bildung: *Proporz.* http://www.bpb.de/nachschlagen/lexika/politiklexikon/18077/proporz, (letzter Abruf: 24.08.2014).

Bundeszentrale für politische Bildung: *Konkordanzdemokratie.* http://www.bpb.de/nachschlagen/lexika/politiklexikon/17737/konkordanzdemokratie, (letzter Abruf: 24.08.2014).